НАСЛАЖДАЙСЯ
БЛЭЙЗ

НАСЛАЖДАЙСЯ БЛЭЙЗ

BLAISE REUTERSWARD

HATJE CANTZ

НАСЛАЖДАЙСЯ БЛЭЙЗ │ BLAISE REUTERSWARD
NATALIA GOLDIN LUNDH

Dowsing, also known as divining, is the ancient practice of searching for water, metals, oil, and gemstones in the ground by holding twigs or metal rods over it. The twigs and rods are meant to move in response to hidden objects. And they usually do move, albeit likely for reasons other than those imagined, at least according to the many scientific experiments in which dowsing has not been proven to work. Despite this, many farmers still use the "magic" practice to locate ground water, as do most of the United Kingdom's dominant water companies. Why would they persist in doing this?

Science attributes the uncontrolled movement of twigs or rods in the hands of the dowser to what is known as ideomotor response—the movement of muscles caused by subconscious mental activity. It is this same effect that is said to explain both the magic of the Ouija board and automatic writing. It is a concept in hypnosis and psychological research, and a very real phenomenon. In other words, the human aspiration toward the alignment of mind and body dictates the dowser's unconscious movements, making his inner beliefs manifest. While the practice remains irreconcilable with scientific standards for truth, the continuous use of dowsing, and persistent beliefs associated with it, suggest another explanation for why it might seem to work for people—intuition. Recognized by many, from scientists to philosophers, as a higher form of intelligence, intuition is the ability to instantly acquire knowledge while surpassing the rational mind and to instinctively distinguish between important and irrelevant information. Intuition is based on experience, and seasoned professionals can quickly gain relevant knowledge by simply observing the terrain. The twigs and rods of a dowser might, by this model, simply be an extension of the dowser himself, a set of tools through which to express and exercise his intuition. A similar kind of intuitive process of extracting information from a specific terrain has become an artistic method for the photographer Blaise Reutersward. Emotional

Reutersward works with subtle variations of color and focus, and his palette is predominantly dark—in a way evocative of Rembrandt. Crisp or entirely blurred, most of these images have a distinctly hypnotic quality to them. The natural sense of awe we feel at the sight of all great beauty and of the mysterious—whether manifest as a grand landscape, an exquisite face, or a secret dark colonnade—becomes amplified by the sheer size of the works, which usually tower over two meters high. The monumental scale of the images allows for a sense of complete immersion and entrances the viewer in such a way that moving from image to image feels like being in a dream: disparate personal memories, emotions, signs, and places seem to assemble in a fragmented and haunting plot.

The ability to infuse all of his images, regardless of their motif, with a sense of the mysterious is arguably Reutersward's most prominent feature as an artist. He searches for the essences of the strikingly beautiful natural, historical, and architectural environments to which he is drawn, and he ultimately finds obscurity and impenetrable complexity. He seeks out and captures the intense and seductive states of awe and melancholy, carrying on the strong aesthetic tradition of European Romanticism and echoing throughout his entire oeuvre the profound insight immaculately formulated by Albert Einstein: "The most beautiful thing we can experience is the mysterious. It is the source of all true art and all science."

impressions, incidents from personal and collective history, and past and present ideas and desires all guide the aesthetic exploration of his chosen places. Reutersward patiently examines European cities and natural sights with his camera, seeking to capture Europe's evasive genius loci—the spirit of the place, the essence of its beauty and heritage.

Filled with bits and pieces of Venice, Amsterdam, the Vatican City, Dusseldorf, Berlin, and Saint Petersburg, the resulting images present an abstract yet coherent European narrative. They are dense with historical and artistic associations and include such things as museum buildings, Roman columns, Latin and Cyrillic letters, breathtaking German forests, large details from famous paintings, palaces that overlook frozen rivers, gilded frames, dark passages, canals, and inscriptions on a cathedral floor. We see the renovation sites of historical buildings, the dramatic water masses of the North Sea, light seen through the curtains of palatial residences, and so on.

Born in Stockholm into an aristocratic family with roots in the military as well as in the arts and architecture, Blaise Reutersward was from an early age exposed to the contrasting aspects of European visual culture that continue to fascinate him. He is a renowned contemporary photographer who has exhibited worldwide. In addition to his artistic work, Reutersward is a frequent contributor both to international editions of *Vogue* and to the fashion house Hermès. This latest body of work from 2016–18, which takes the Russian title Наслаждайся Блэйз (something like: revel in, enjoy, or savor BLAISE), is the result of travels to Berlin and Saint Petersburg.

НАСЛАЖДАЙСЯ БЛЭЙЗ | BLAISE REUTERSWARD
NATALIA GOLDIN LUNDH

Das Wünschelrutengehen, auch Rutengehen genannt, ist der uralte Gebrauch von Zweigen oder Metallruten zur Suche nach im Boden verborgenem Wasser, Metallen, Öl und Edelsteinen. Die Zweige und Ruten sollen ausschlagen und so Verstecktes aufspüren. Und sie schlagen tatsächlich aus, wenn auch nicht aus den gewünschten Gründen: wissenschaftliche Experimente konnten die Wirksamkeit des Wünschelrutengehens nicht bestätigen. Dennoch verwenden viele Bauern diese »magische« Praxis bei der Suche nach Grundwasser bis heute, ebenso viele große Wasserversorgungsunternehmen in Großbritannien. Warum?

Die Wissenschaft führt die unkontrollierte Bewegung der Zweige oder Ruten in den Händen des Rutengängers auf den so genannten ideomotorischen Effekt zurück, eine von unbewusster geistiger Tätigkeit ausgelöste Muskelbewegung. Derselbe Effekt soll auch die magische Wirkung von Ouija-Brettern und automatischem Schreiben erklären. Der Begriff findet sich auch in der Hypnose und in der psychologischen Forschung; er beschreibt ein sehr reales Phänomen. Anders ausgedrückt: das Streben des Menschen nach Harmonie von Körper und Geist diktiert die unbewussten Bewegungen des Rutengängers und lässt so seine inneren Überzeugungen an die Oberfläche treten.

Unvereinbar scheinend mit dem wissenschaftlichen Wahrheitsanspruch findet sich für die Wirksamkeit des Rutengehens eine neue Erklärung – Intuition. Intuition wird von vielen, darunter Wissenschaftler und Philosophen, als höhere Form der Intelligenz betrachtet; sie bezeichnet das instinktive Unterscheiden zwischen Wichtigem und Unwichtigem und somit das unmittelbare Erlangen von Wissen, ohne den Prozess des rationalen Denkens. Zur Intuition braucht es Erfahrung; erfahrene Rutengänger verschaffen sich durch bloßes Betrachten eines Terrains schnell das notwendige Wissen. Die Zweige und Ruten des Rutengängers sind schlicht eine Erweiterung seiner eigenen Person, ein

Instrumentarium zur Anwendung und Ausübung seiner Intuition. Ein ähnlich intuitiver Prozess der Entnahme von Informationen aus bestimmtem Terrain ist zu einem künstlerischen Vermögen des Fotografen Blaise Reutersward geworden. Emotionaler Eindruck, Ereignisse der persönlichen und kollektiven Geschichte, Ideen aus Vergangenheit und Gegenwart und nicht zuletzt Wünsche leiten die ästhetischen Erkundungen der gewählten Orte. Geduldig durchstreift Reutersward mit seiner Kamera europäische Städte und Natursehenswürdigkeiten bei dem Versuch, Europas scheuen Genius loci, den Geist des Ortes, die Essenz seiner Schönheit und seines Vermächtnisses einzufangen.

Die Bilder zeigen Details und Ausschnitte von Venedig, Amsterdam, dem Vatikan, Düsseldorf, Berlin sowie Sankt Petersburg und erzählen so, ebenso abstrakt wie kohärent, von Europa. Die hohe Dichte historisch-künstlerischer Assoziationen entsteht durch Elemente wie Museumsbauten, römische Säulen, lateinische und kyrillische Buchstaben, atemberaubende deutsche Wälder, große Detailaufnahmen berühmter Gemälde, über zugefrorenen Flüssen prangende Paläste, Goldrahmen, dunkle Gänge, Kanäle und Inschriften eines Kathedralenbodens. Wir sehen die Renovierung historischer Gebäude, erblicken die gewaltigen Wassermassen der Nordsee, erspähen durch die Vorhänge prachtvoller Residenzen fallendes Licht und desgleichen mehr. Reuterswards Arbeit lebt von den subtilen Veränderungen der Farbigkeit und des Kamerafokus, bei einer dunklen und rembrandt-esquen Palette. Ob scharf oder verschwommen – den meisten Bildern wohnt etwas eindeutig Hypnotisches inne. Die uns ergreifende Ehrfurcht beim Anblick aller großen Schönheit und Mysterien – sei es in Gestalt einer Landschaft, eines edlen Antlitzes oder eines verborgenen, dunklen Säulenganges – wird durch die schiere Größe dieser Aufnahmen, die in der Regel über zwei Meter hoch aufragen, noch verstärkt. Der monumentale Maßstab der Bilder erlaubt das Gefühl völligen Eintauchens und versetzt den Betrachter in eine Schwebe, sodass die Schritte

von einem Bild zum nächsten sich wie ein Traum anfühlen: unzusammenhängende persönliche Erinnerungen, Gefühle, Zeichen und Orte scheinen sich zu einer bruchstückhaften, fesselnden Handlung zusammenzusetzen. Die Fähigkeit, all seinen Bildern, unabhängig von ihren Motiven, eine Aura des Mysteriösen zu verleihen, zeichnet Reutersward als Künstler sicher am meisten aus. Angezogen von der frappierenden Schönheit der natürlichen, historischen oder architektonischen Umgebungen macht er sich auf die Suche nach der Essenz der Orte und findet schließlich Undurchsichtigkeit und undurchdringliche Komplexität. Er sucht und findet die intensiven, sinnlichen Zustände von Ehrfurcht und Melancholie und führt so die starke ästhetische Tradition der europäischen Romantik fort. Sein gesamtes Œuvre durchzieht eine profunde Einsicht, die Albert Einstein so treffend in Worte fasste: »Es gibt nichts Schöneres als das Mysteriöse. Aus ihm entspringt alle wahre Kunst und Wissenschaft.«

In Stockholm in eine adlige Familie mit Wurzeln im Militär, aber auch in der Kunst und Architektur, hineingeboren, kam Blaise Reutersward schon früh mit den gegensätzlichen Aspekten der visuellen Kultur Europas in Berührung. Und nach wie vor faszinieren sie ihn. Reutersward ist ein renommierter zeitgenössischer Fotograf, dessen Ausstellungen weltweit gezeigt werden. Über seine künstlerische Tätigkeit hinaus liefert Reutersward regelmäßig Beiträge zu den internationalen Ausgaben der *Vogue* und ist für das Modehaus Hermès tätig. Sein jüngstes Opus aus den Jahren 2016 bis 2018 mit dem russischen Titel Наслаждайся Блэйз (etwa: Blaise genießen, sich an Blaise erfreuen) ist das Ergebnis von Reisen nach Berlin und Sankt Petersburg.

НАСЛАЖДАЙСЯ БЛЭЙЗ | БЛЭЙЗ РЕЙТЕРСВЕРД
НАТАЛИЯ ГОЛДИН ЛУНД

Лозоходство, или лозоискательство, — это древняя практика поиска родников, месторождений металлов, нефти и залегания драгоценных камней в земле с помощью лозы или металлических прутьев. Считается, что лоза или прутья начинают двигаться, когда ими проводят над скрытыми в земле объектами. Что, как правило, и происходит, даже если и объясняется совершенно иными причинами. Во всяком случае, в ходе многочисленных научных экспериментов действенность лозоходства так и не была доказана. Но, тем не менее, многие фермеры, как и большинство крупных водоснабжающих компаний Великобритании, до сих пор используют эту «магическую практику» при поиске грунтовых вод.

Наука приписывает неконтролируемые движения лозы или прутьев в руках лозоходца феномену, известному как идеомоторный акт, то есть сокращение мышц, вызываемое подсознательной умственной деятельностью. Этим же эффектом объясняется и магия «говорящей доски», используемой в спиритических сеансах, и автоматическое письмо. Концепция идеомоторики используется в гипнозе и психологических исследованиях и представляет собой вполне реальное явление.

Современное применение лозоискательства, несмотря на несовместимость с научными представлениями об истине, требует другого объяснения. Многим кажется, что это происходит благодаря интуиции. Признаваемая некоторыми учеными и философами высшей формой разума, интуиция являет собой способность мгновенно извлекать информацию, не прибегая к рациональному мышлению, и инстинктивно отличать существенные факты от несущественных. Интуиция основана на опыте, поэтому квалифицированные специалисты быстро могут получить нужную информацию, лишь бросив быстрый взгляд на окружающее пространство. В этом смысле лозу или прутья можно рассматривать просто как продолжение самого лозоходца — как набор инструментов, с помощью которых интуиция находит свое проявление и отражение. Подобная техника извлечения информации из определенной местности лежит в основе художественного метода фотографа Блэйза Рейтерсверда. Эмоциональные впечатления, эпизоды из личной и общей истории, прошлые и настоящие идеи и стремления — все это задает вектор эстетическому исследованию выбранных им мест. С помощью своей камеры Рейтерсверд терпеливо исследует европейские города и природные пейзажи в поисках неуловимого genius loci Европы — духа места, квинтэссенции ее красоты и наследия.

Составленные из фрагментов видов Венеции, Амстердама, Ватикана, Дюссельдорфа, Берлина и Санкт-Петербурга, его фотографии представляют собой абстрактную, и одновременно связную картину Европы. Они наполнены историческими и художественными ассоциациями и включают в себя, например, здания музеев, римские колонны, буквы латинского алфавита и кириллицы, потрясающие по красоте леса Германии, большие фрагменты известных картин, дворцы, стоящие на берегу замерзших рек, позолоченные рамы, темные коридоры, каналы и надписи на полу кафедрального собора. Мы видим реставрируемые исторические здания, необъятные водные просторы Северного моря, свет, проникающий сквозь портьеры роскошных усадеб, и многое другое.

Рейтерсверд работает с тонкими вариациями цвета и фокуса, и его работы выдержаны преимущественно в темных, рембрандтовских, тонах. Резкие и четкие или же смазанные и расплывчатые — вне зависимости от приема — большинство его фотографий обладают определенным гипнотическим эффектом. То ощущение благоговейного трепета, что охватывает нас при виде грандиозной и порой мистической красоты — будь то величественный пейзаж, утонченный портрет или таинственная темная колоннада — усиливается гигантским масштабом его работ, обычно возвышающихся на высоту более двух метров. Монументальные размеры фотографий позволяют ощутить состояние полного погружения и настолько завораживают, что переход от одной фотографии к другой напоминает сны: разрозненные личные воспоминания, эмоции, знаки и местности складываются во фрагментарный и фантастический сюжет. Эта способность воссоздавать ощущение тайны независимо от сюжета является, пожалуй, самой яркой чертой Рейтерсверда как художника. Он стремится проникнуть в суть удивительных по красоте природных, исторических или архитектурных пейзажей и всегда обнаруживает в них нечто непроницаемое и непостижимое. В своих работах Рейтерсверд отражает то состояние духа, наполненное священным трепетом и меланхолией, что отличает великую эстетическую традицию европейского романтизма и лежит в основе философской мысли, точно сформулированной Альбертом Эйнштейном: «Самое прекрасное, что мы можем испытать, — это ощущение тайны. Она источник всякого подлинного искусства и науки».

Блэйз Рейтерсверд родился в Стокгольме в аристократической семье потомственных военных, художников и архитекторов. С раннего возраста он был знаком с противоречивыми аспектами европейской культуры, которые интересуют его и по сей день. Сегодня он является признанным современным фотографом, чьи выставки проходят по всему миру. Помимо художественного творчества, Рейтерсверд сотрудничает с международным изданием Vogue и Модным Домом Hermès. Его последняя коллекция работ, созданных в 2016–18 годах, является результатом поездок в Берлин и Санкт-Петербург и носит русское название «Наслаждайся Блэйз» (Revel in, Enjoy или Savor BLAISE).

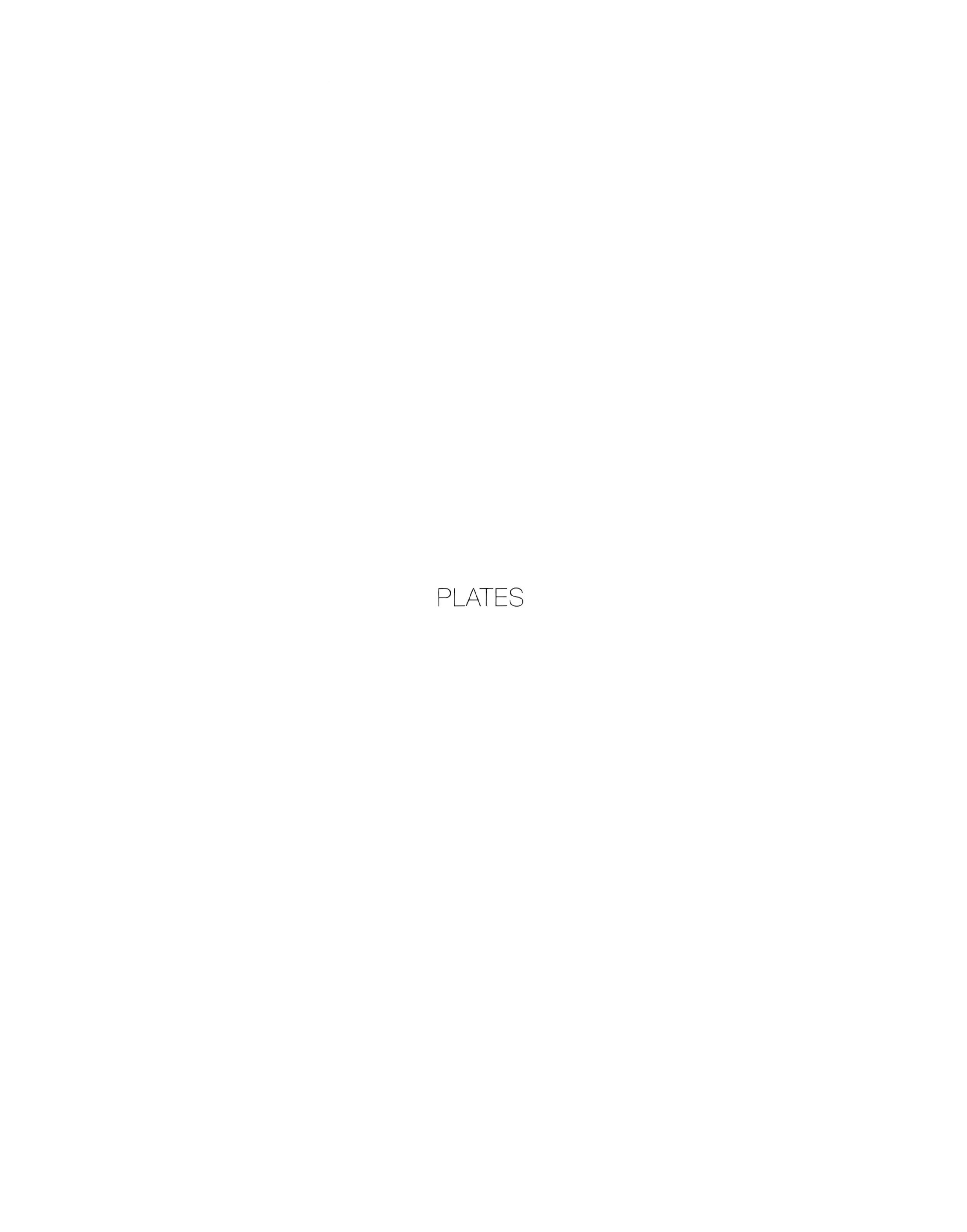

PLATES

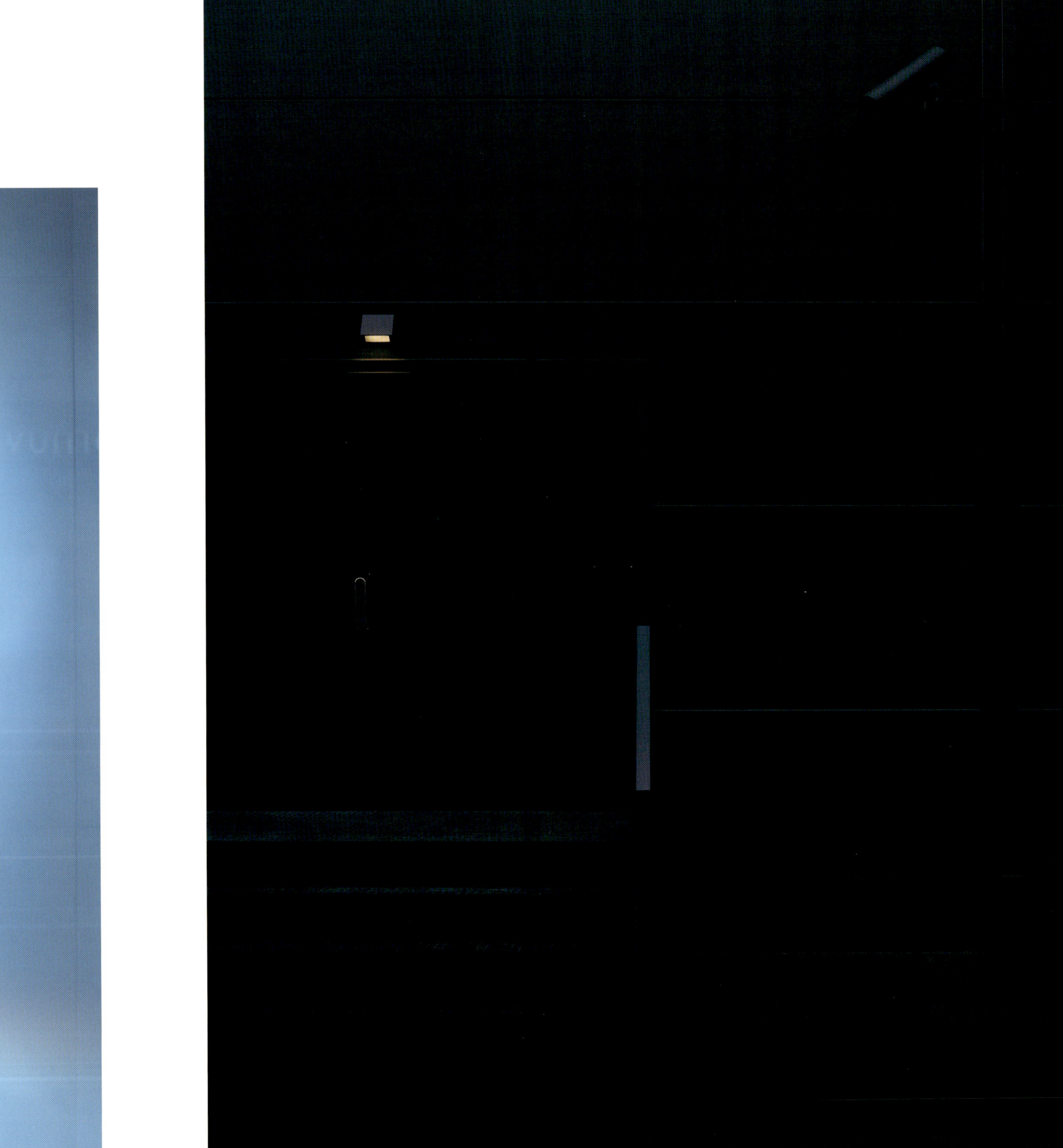

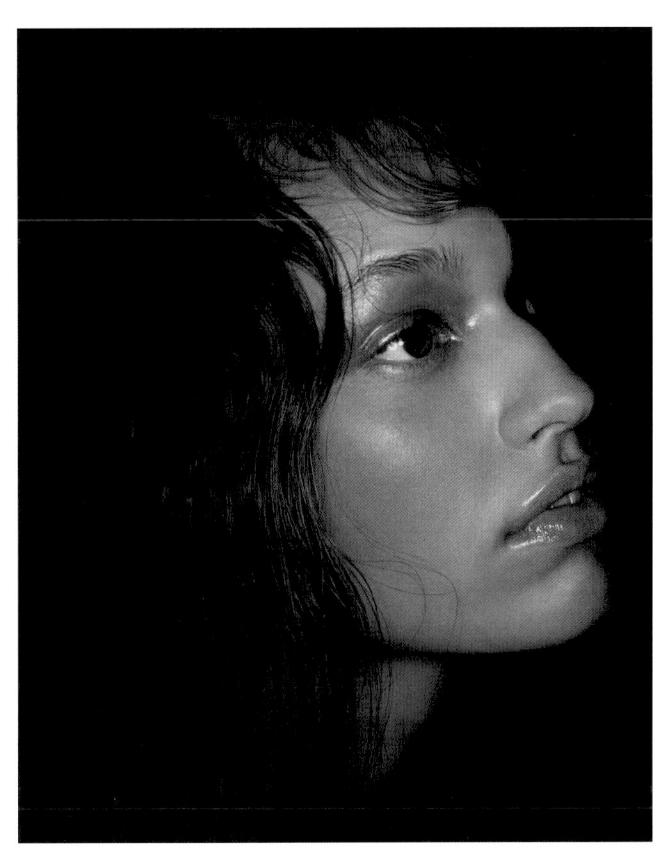

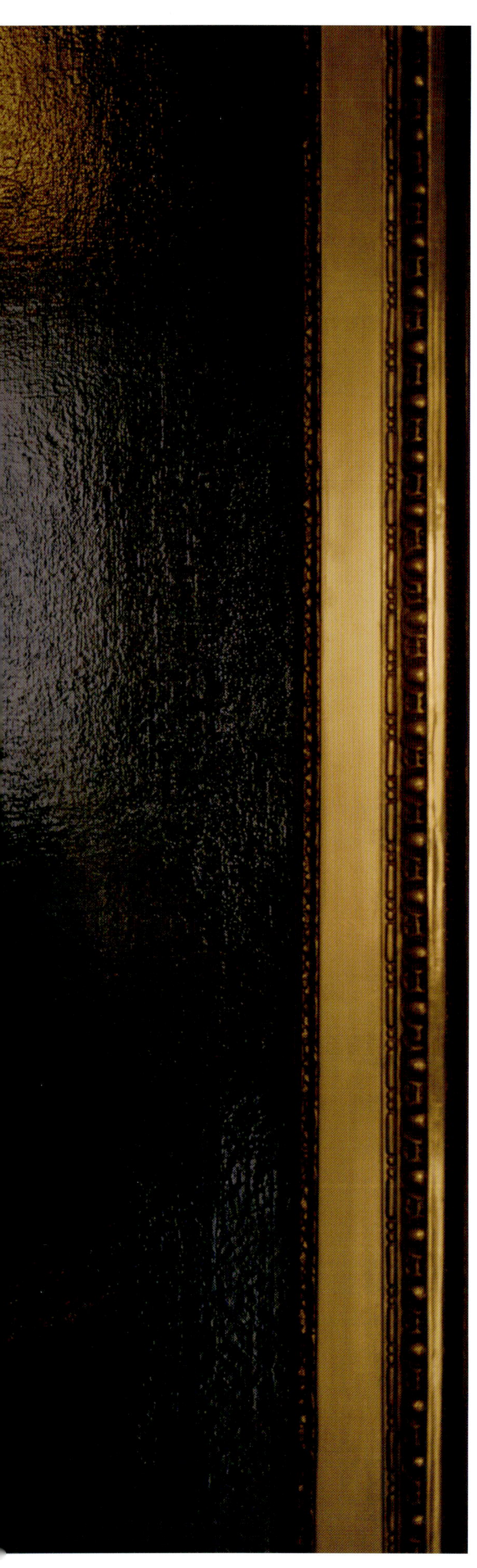

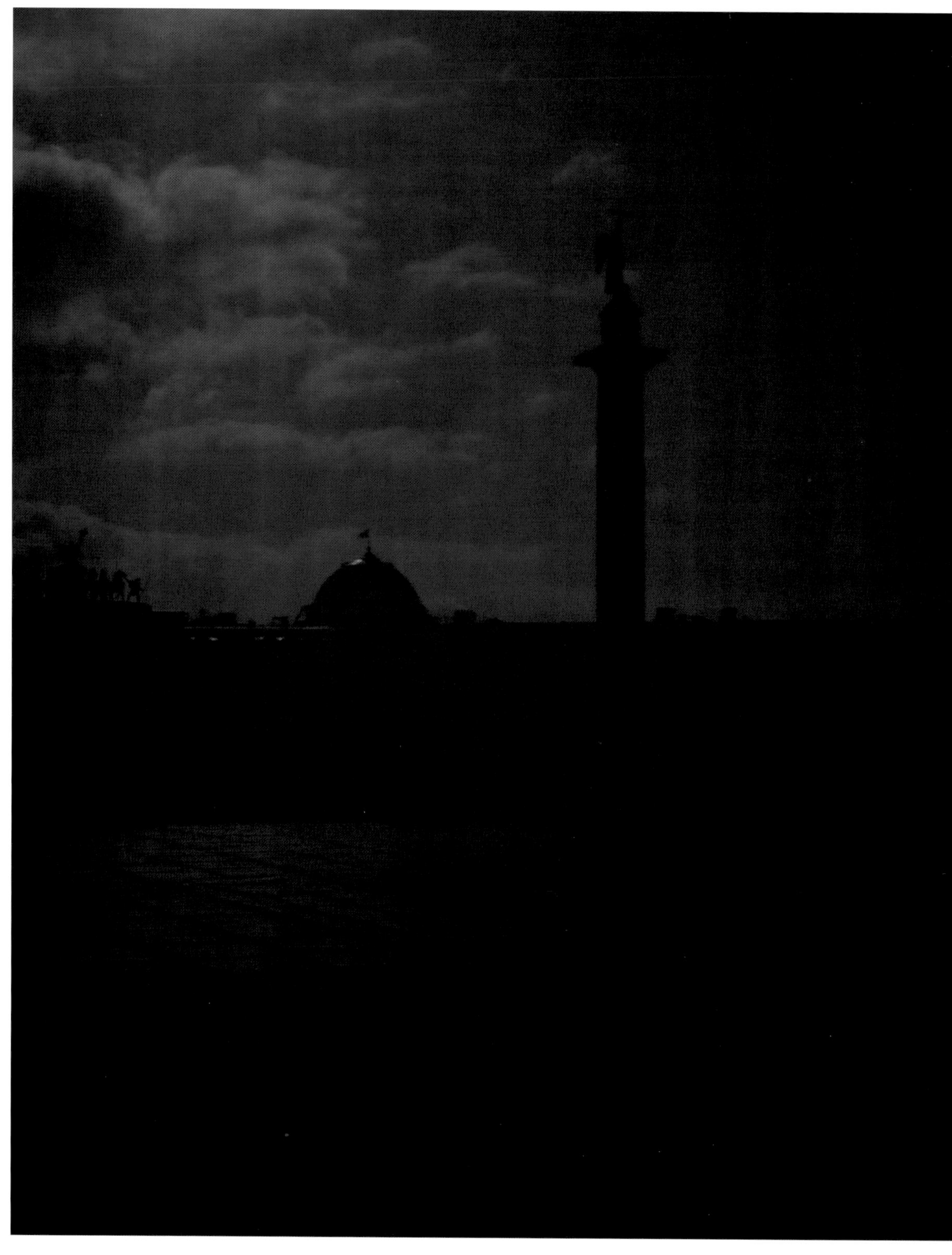

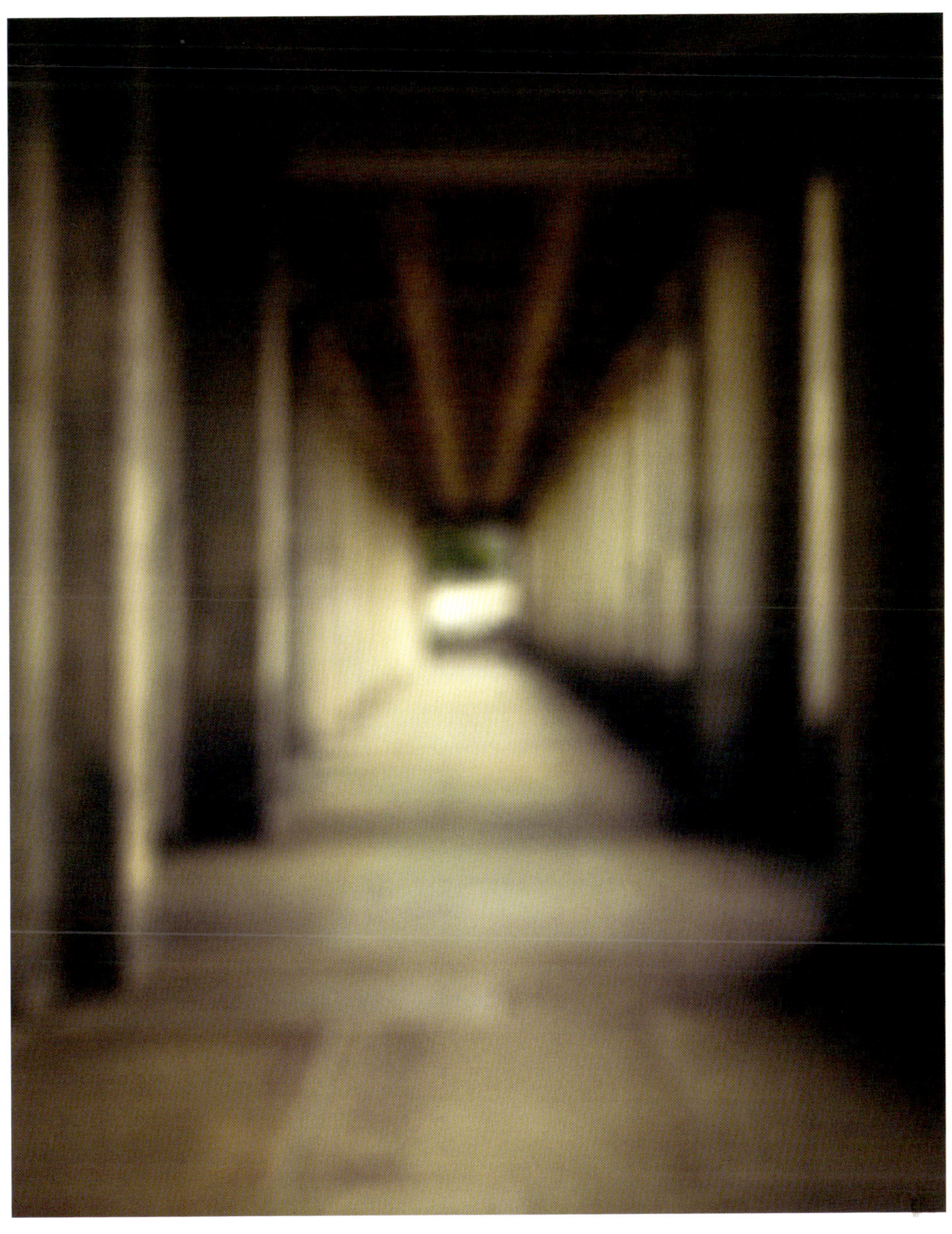

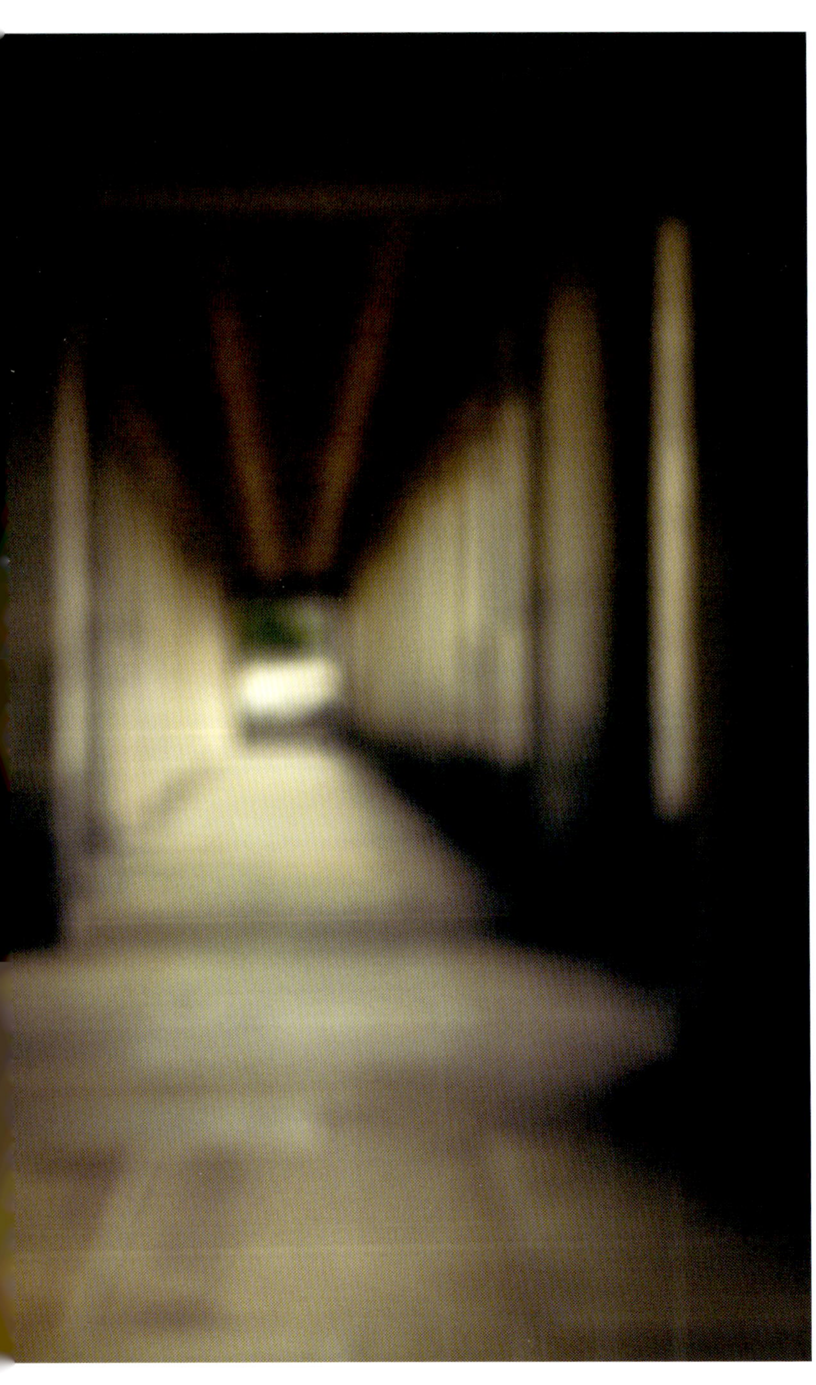

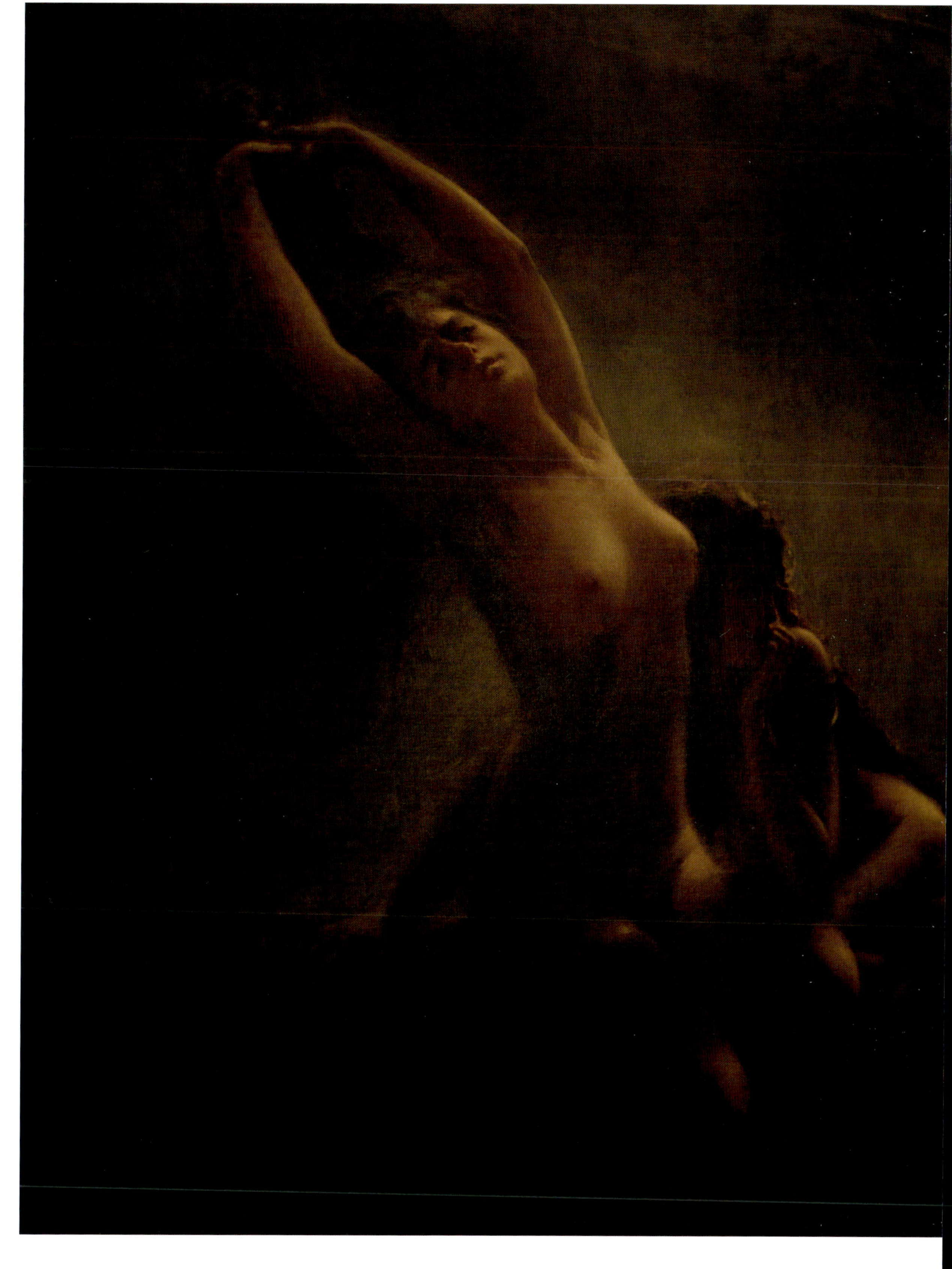

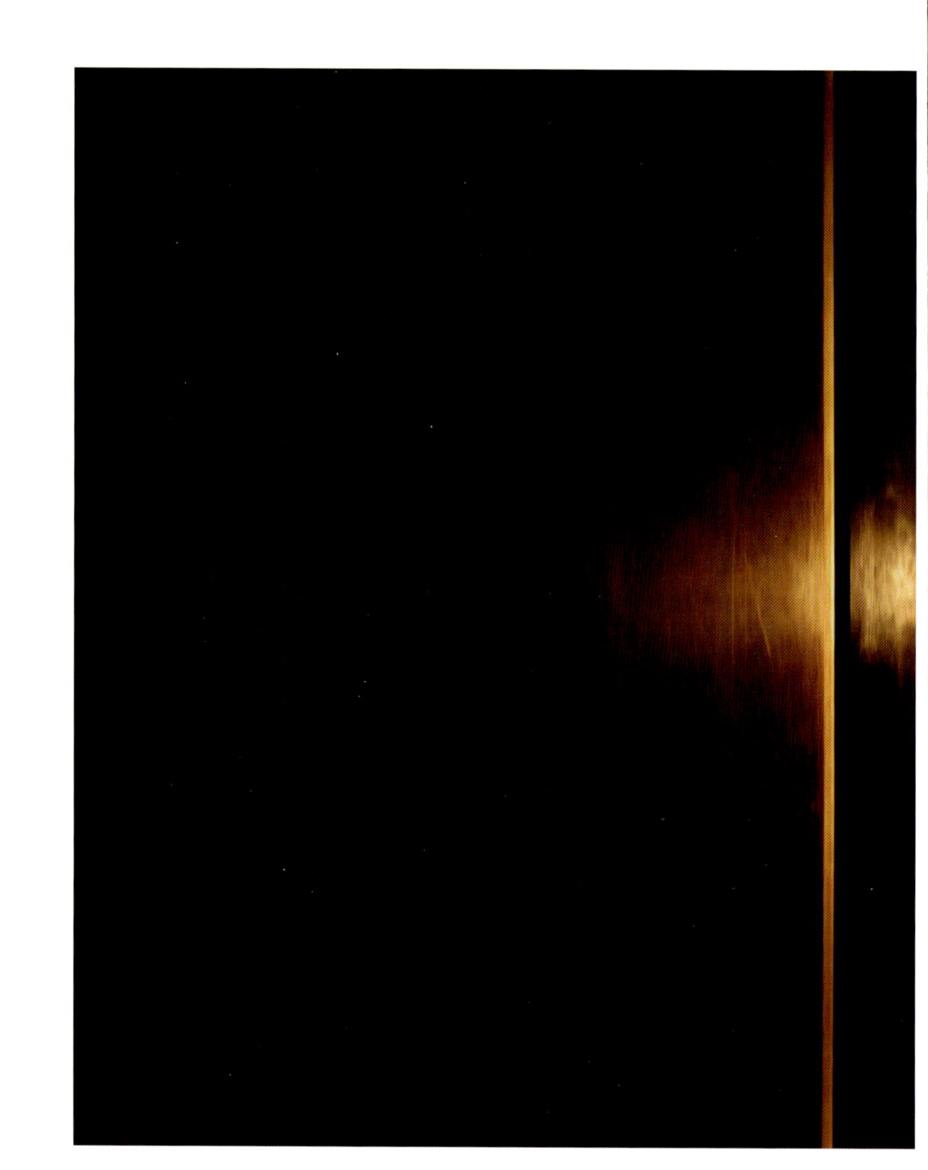

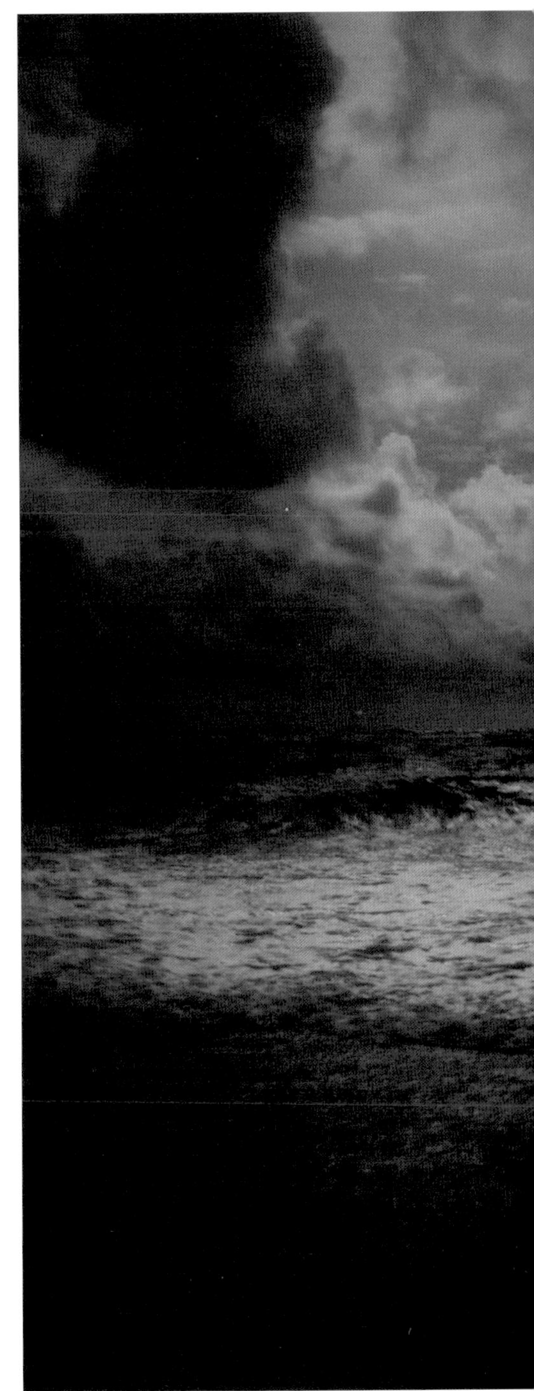

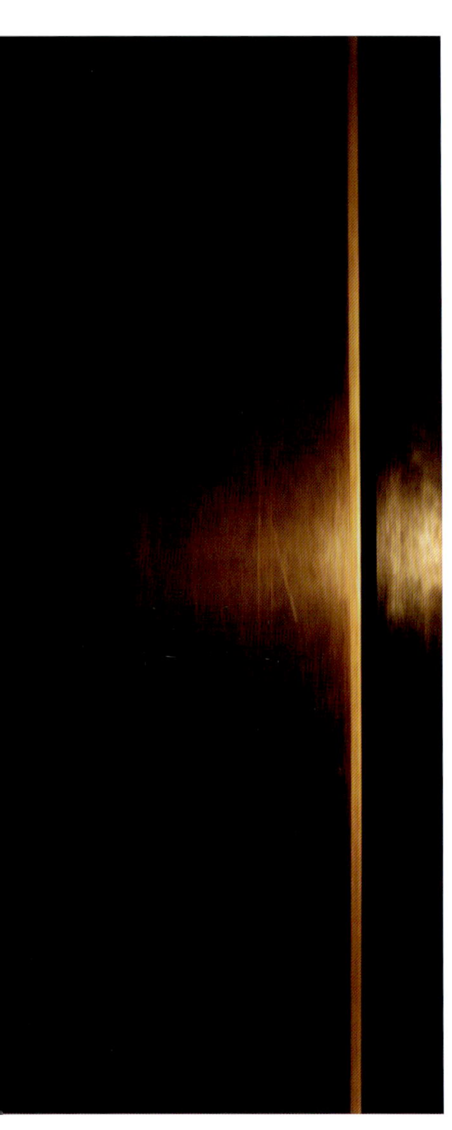

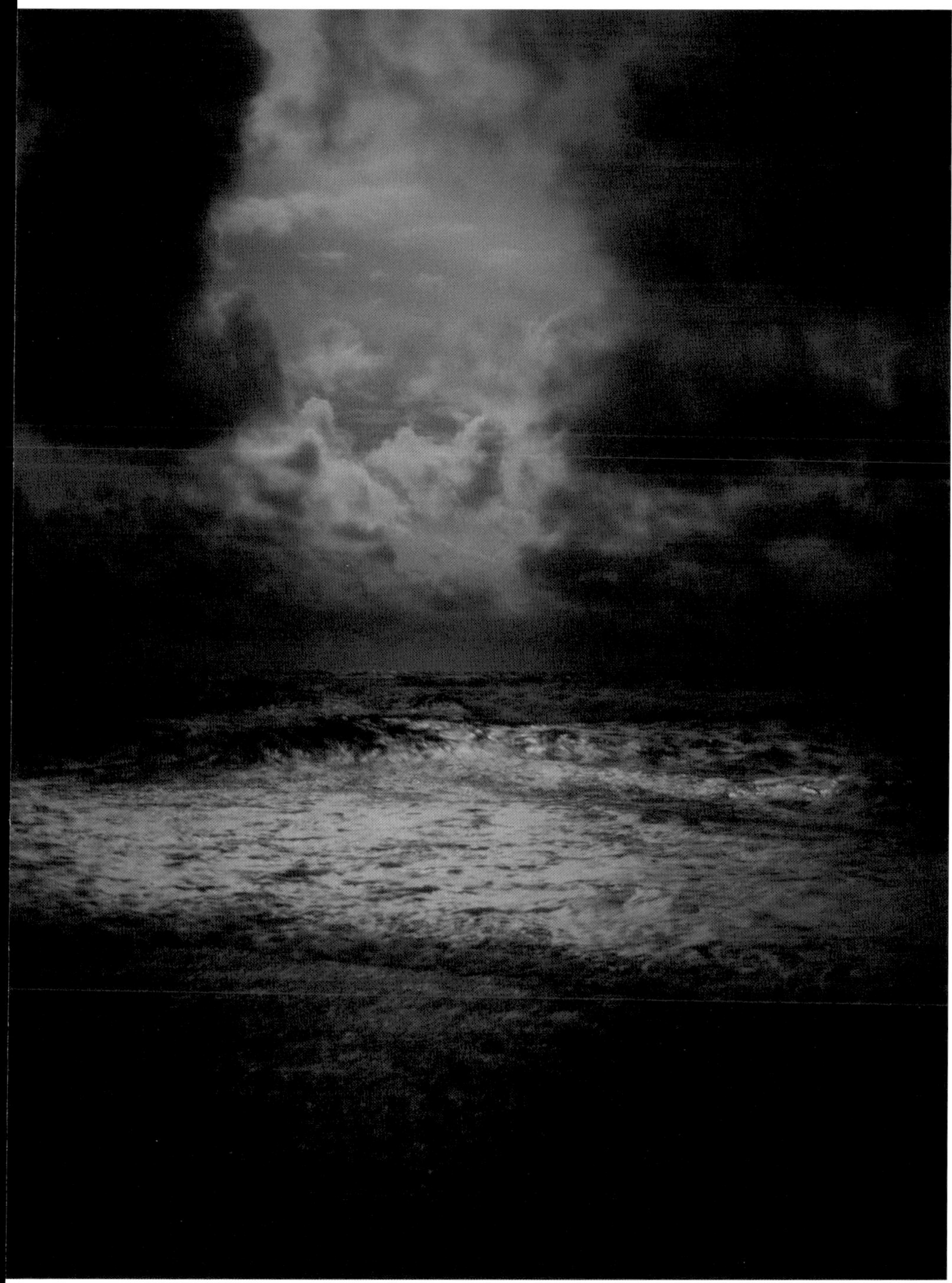

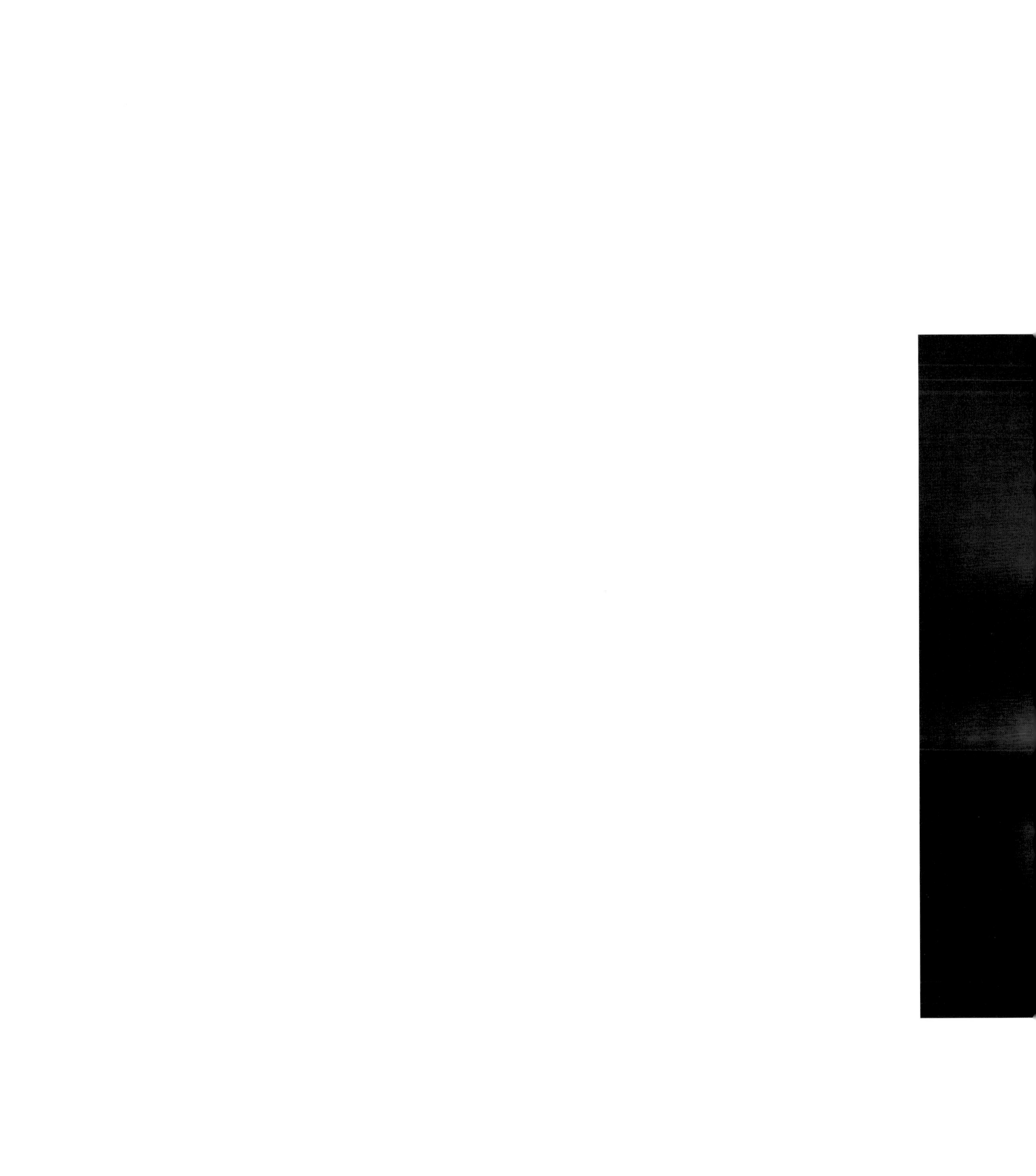

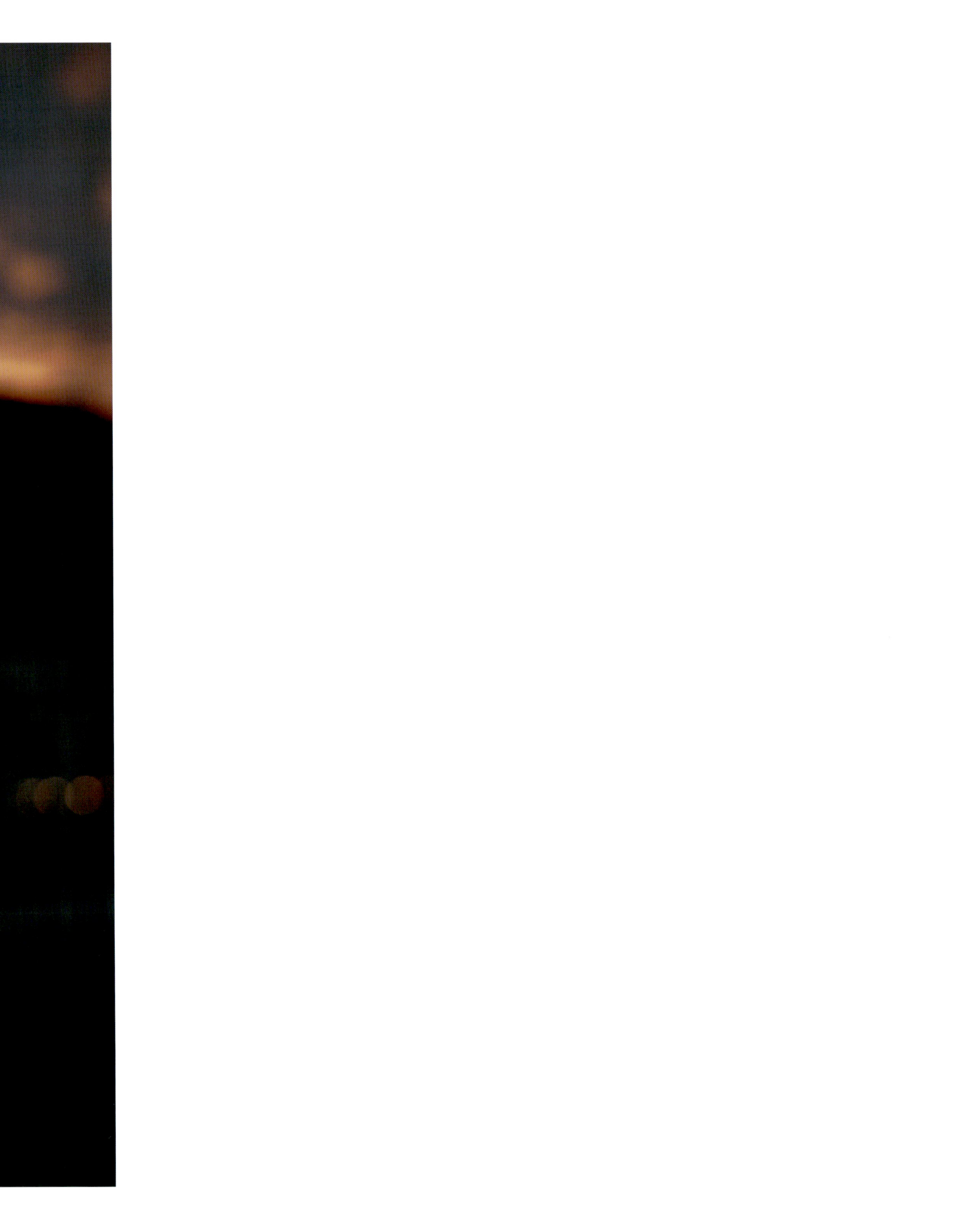

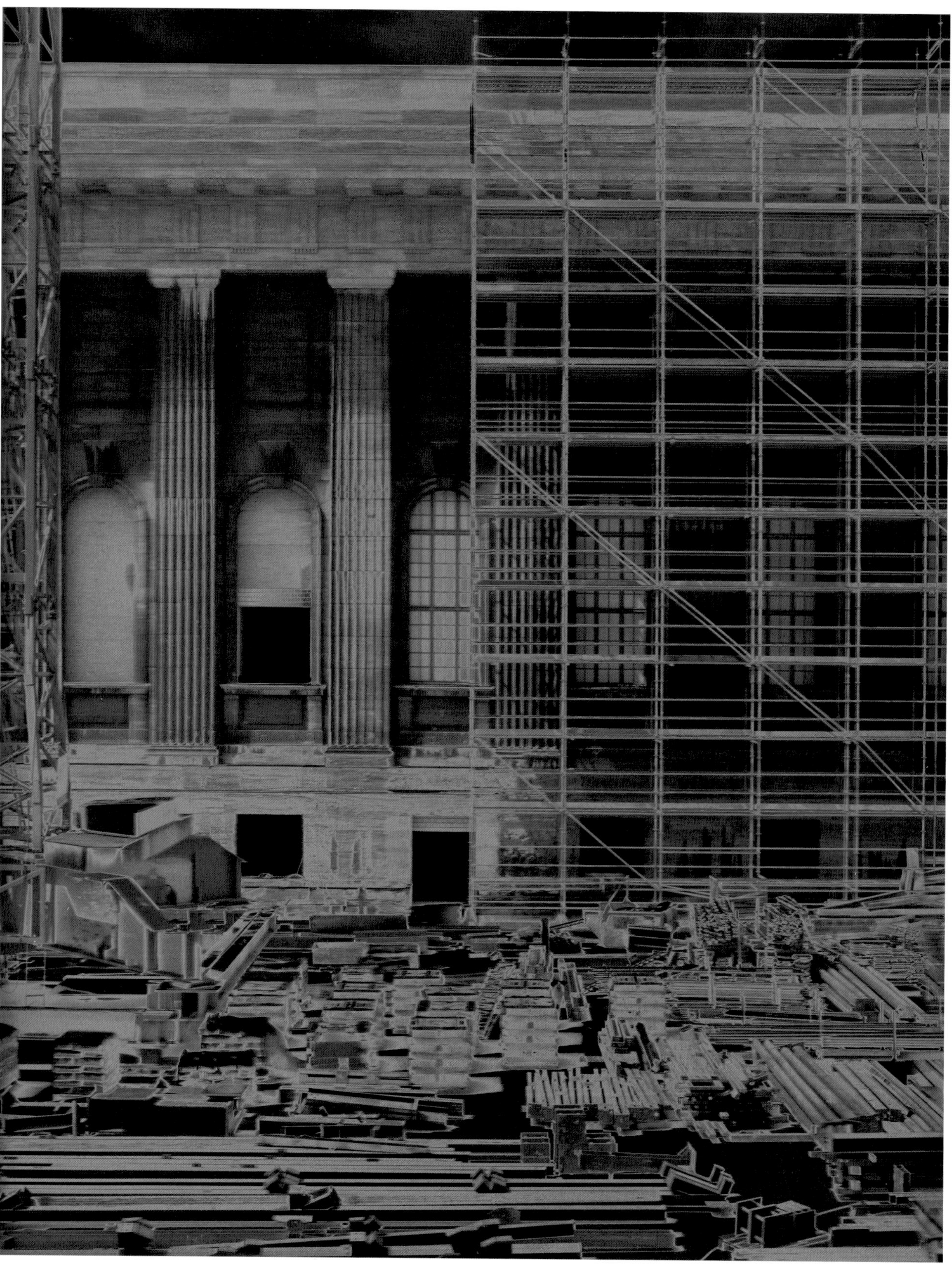

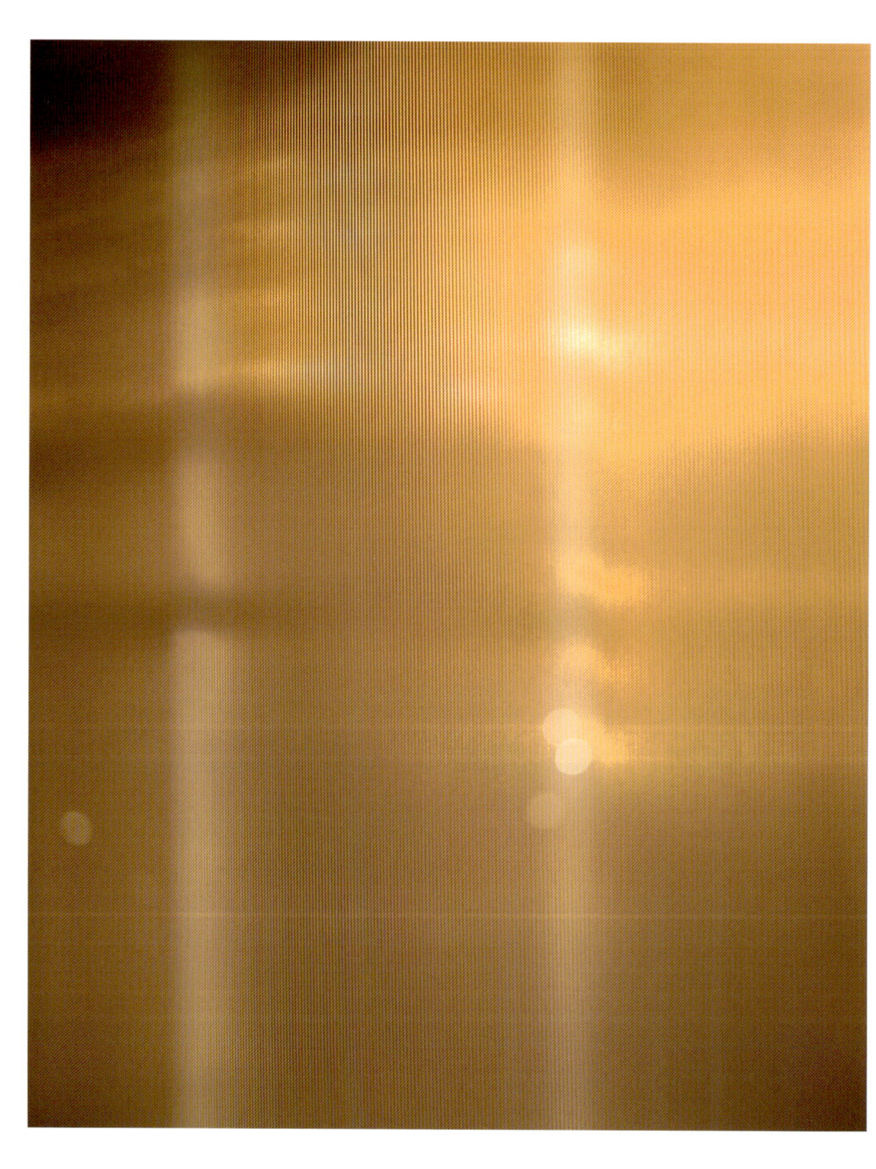

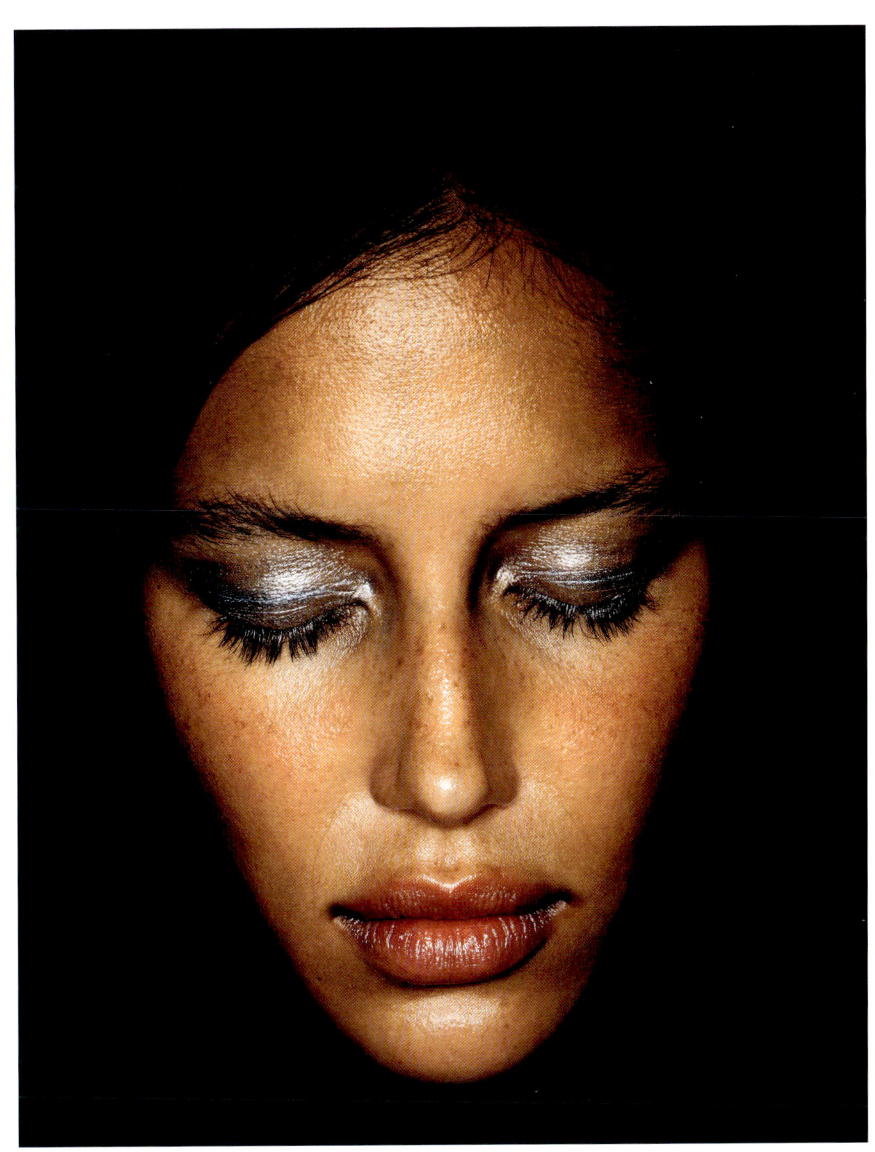

ГОСУДАРСТВЕННЫЙ

РУССКИЙ

МУЗЕЙ

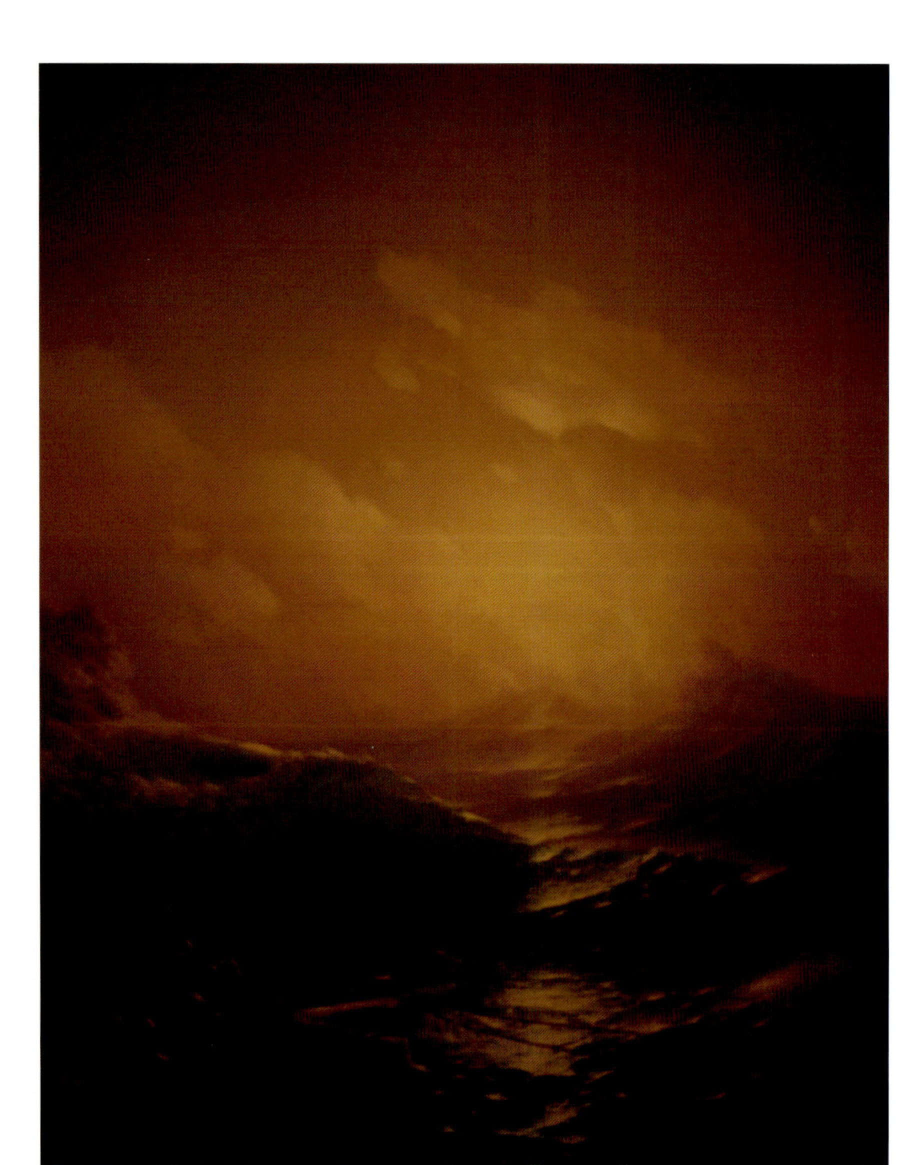

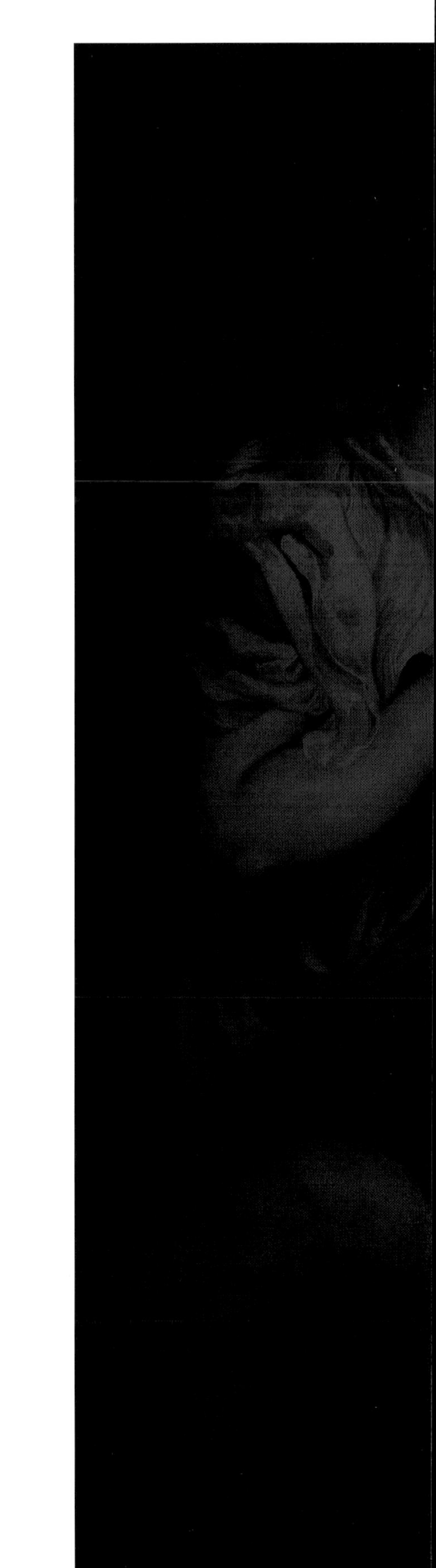

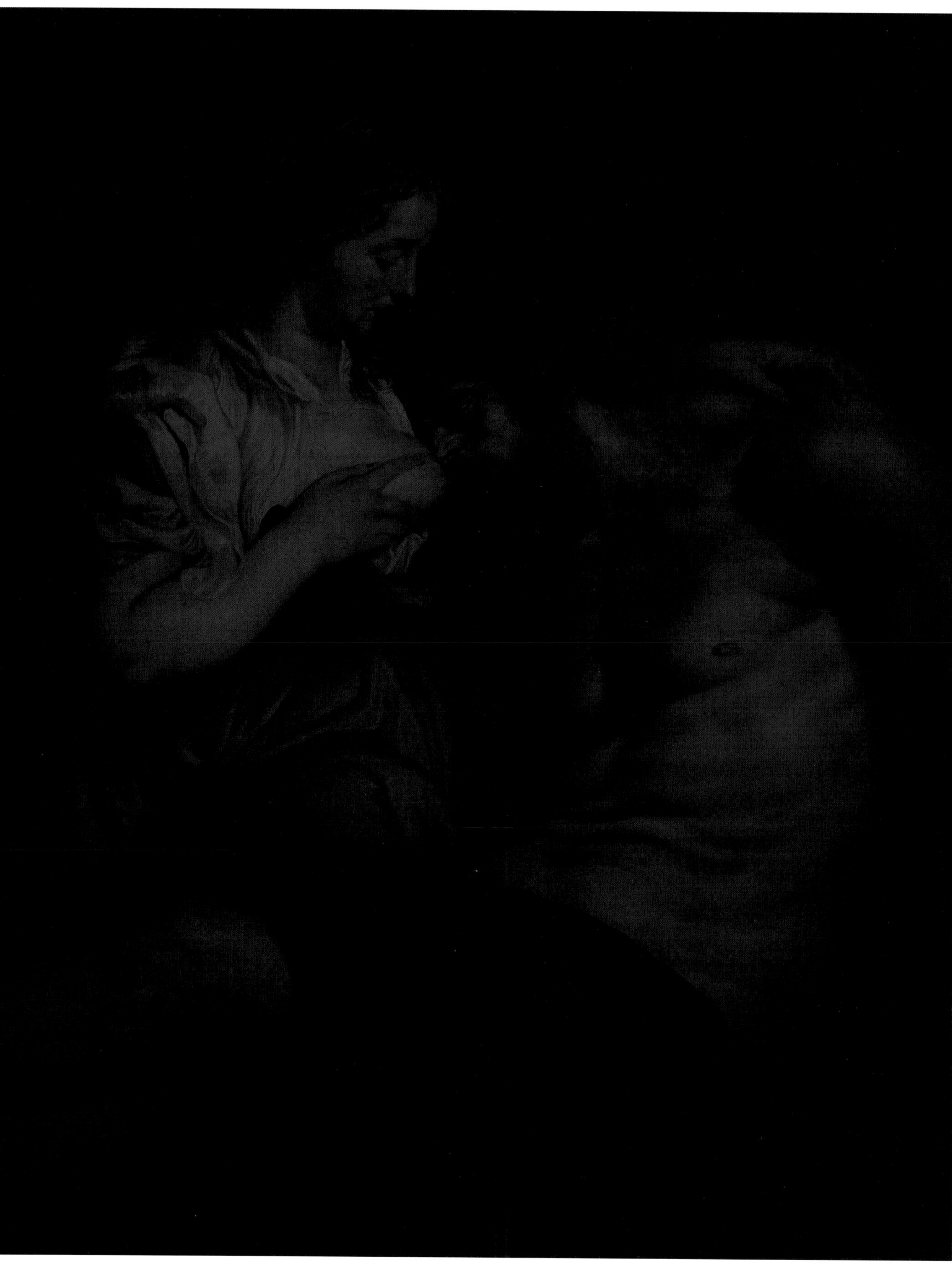

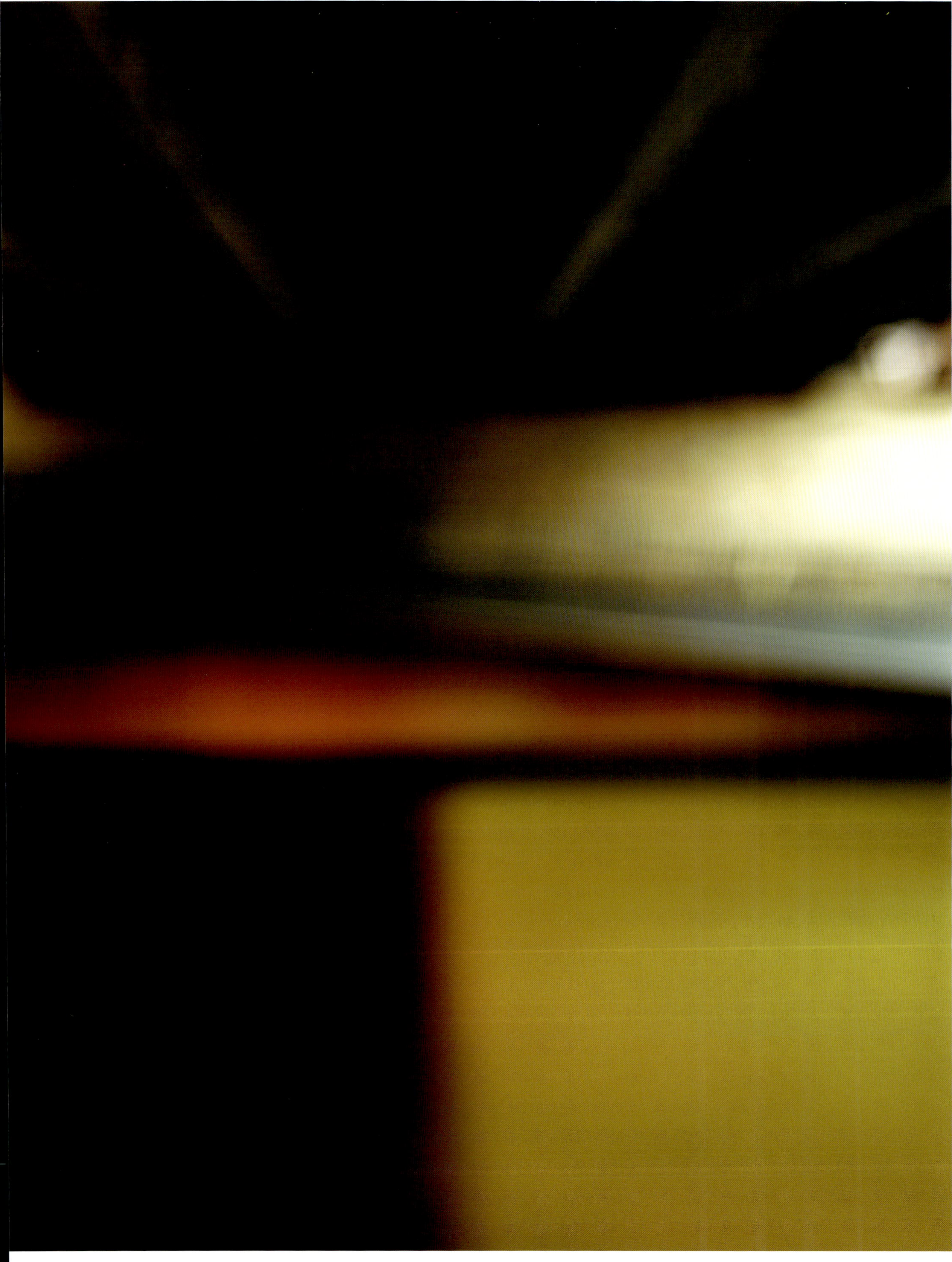

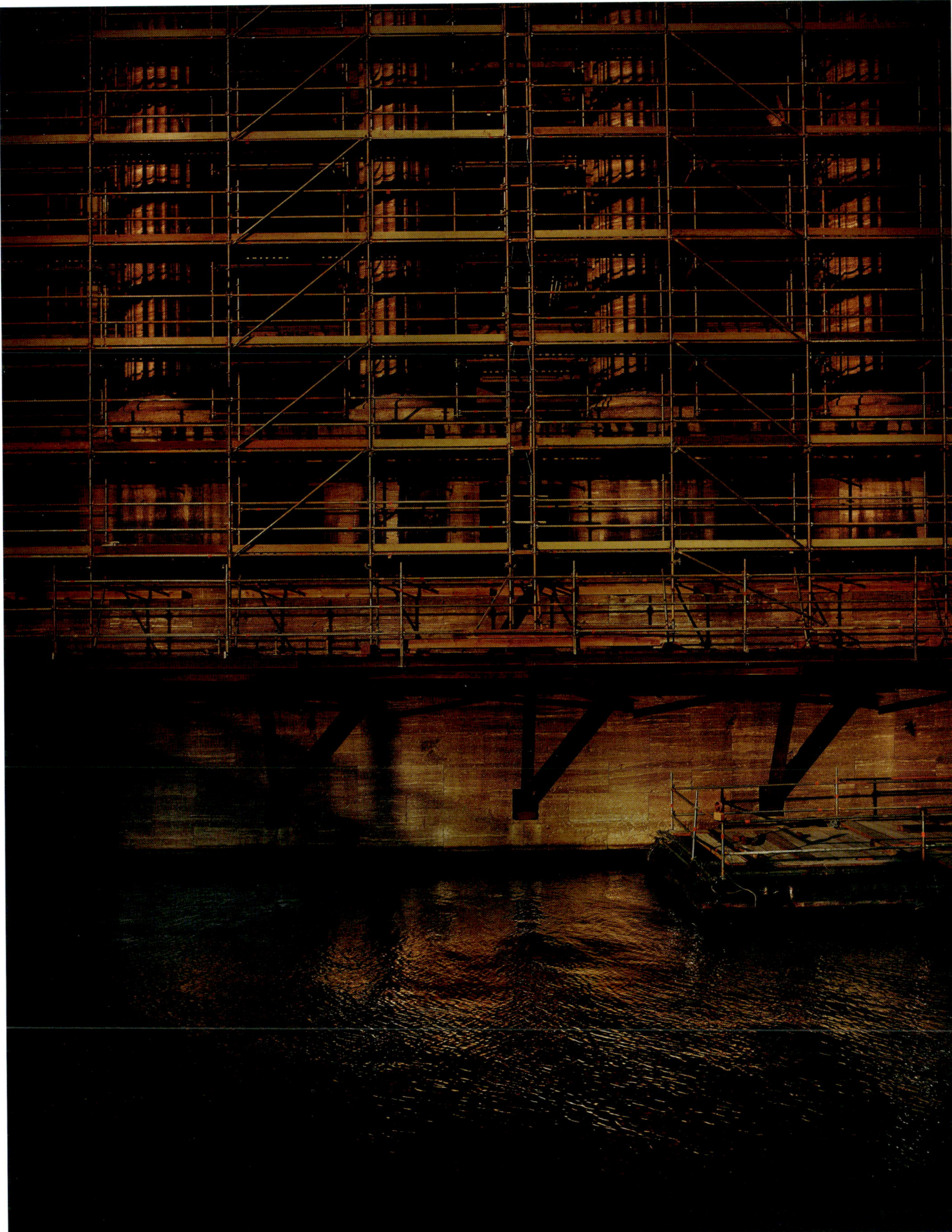

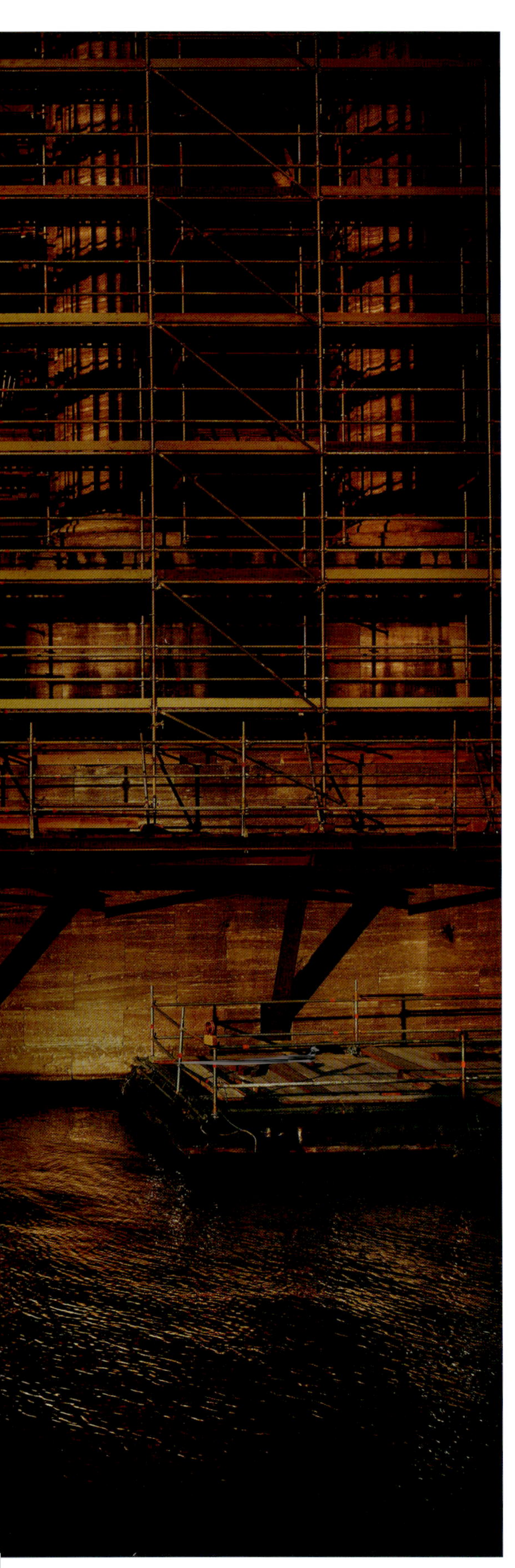

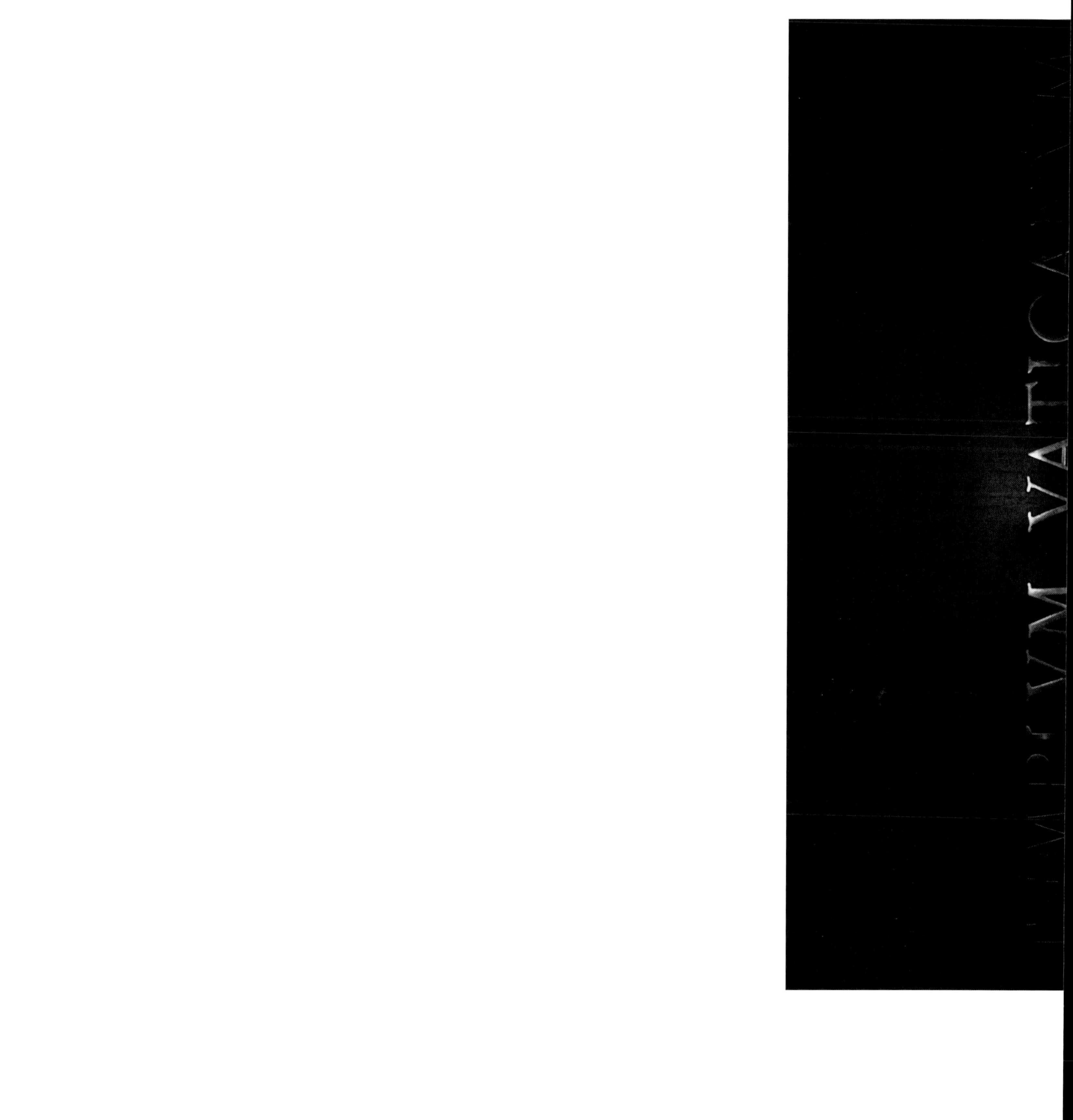

TEMPLVM VATICANVM

PAL · ROM · 837   ✶   M · 186 · 36

ADDITIS · PARIETIBVS

PAL · 862 · 3 · 3

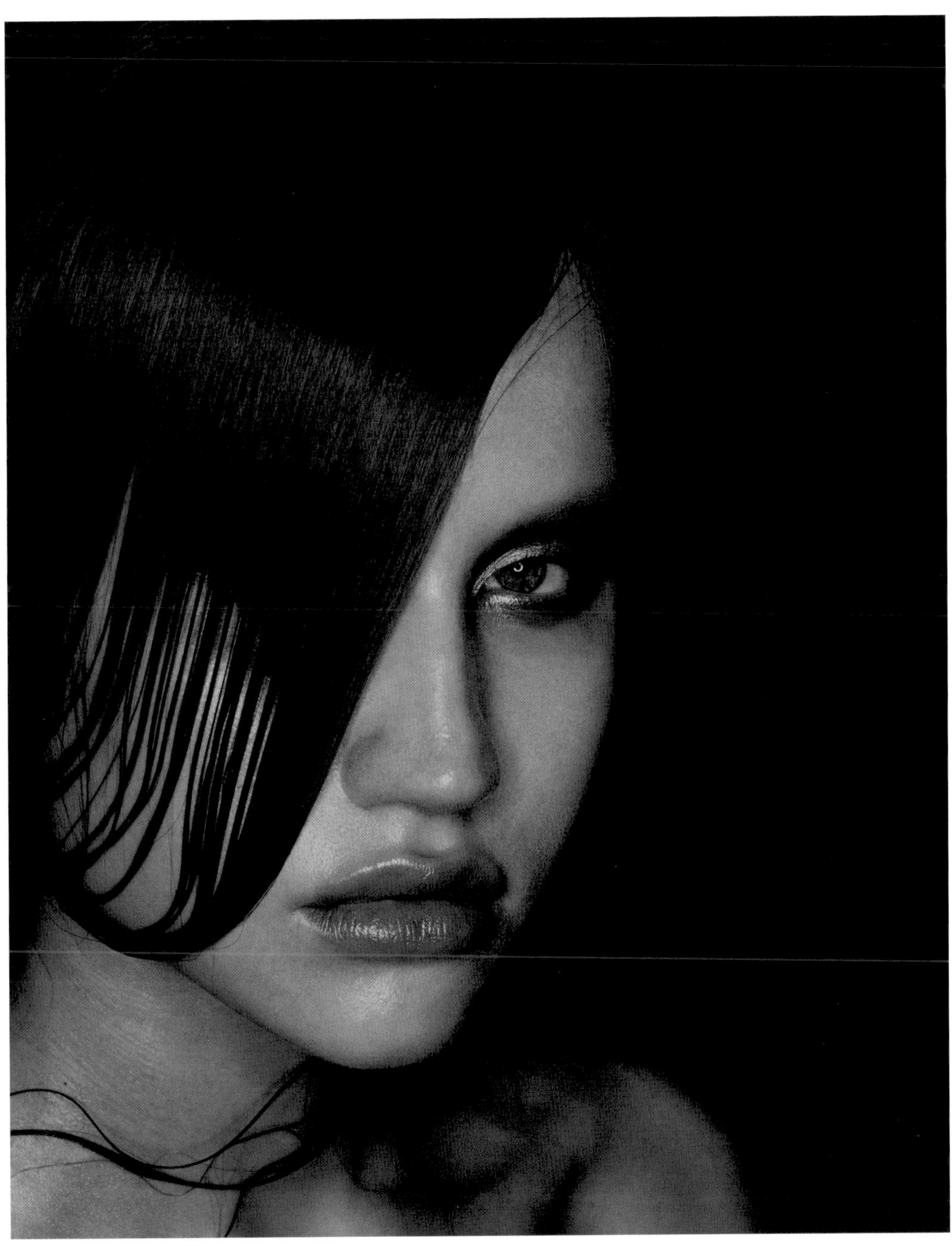

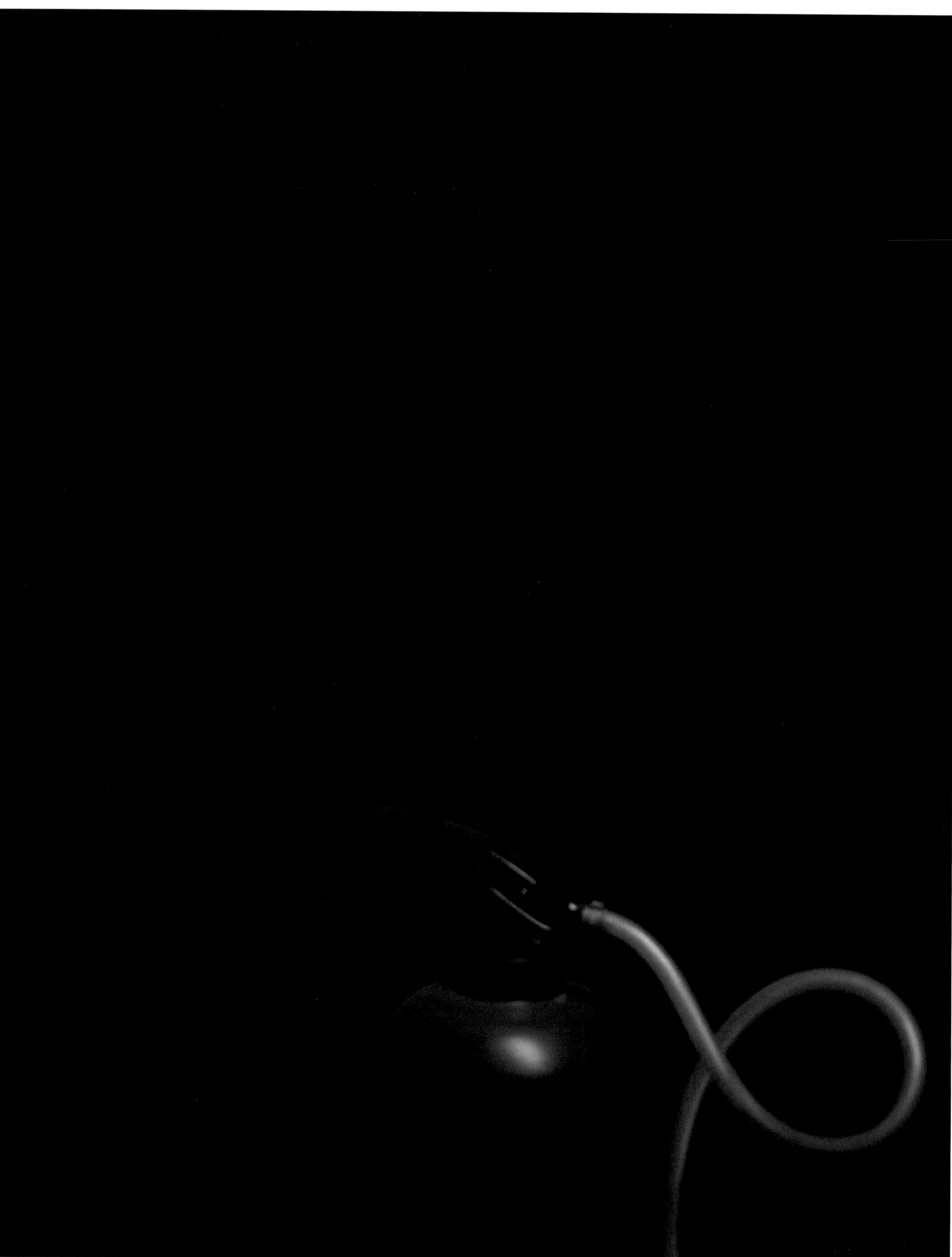

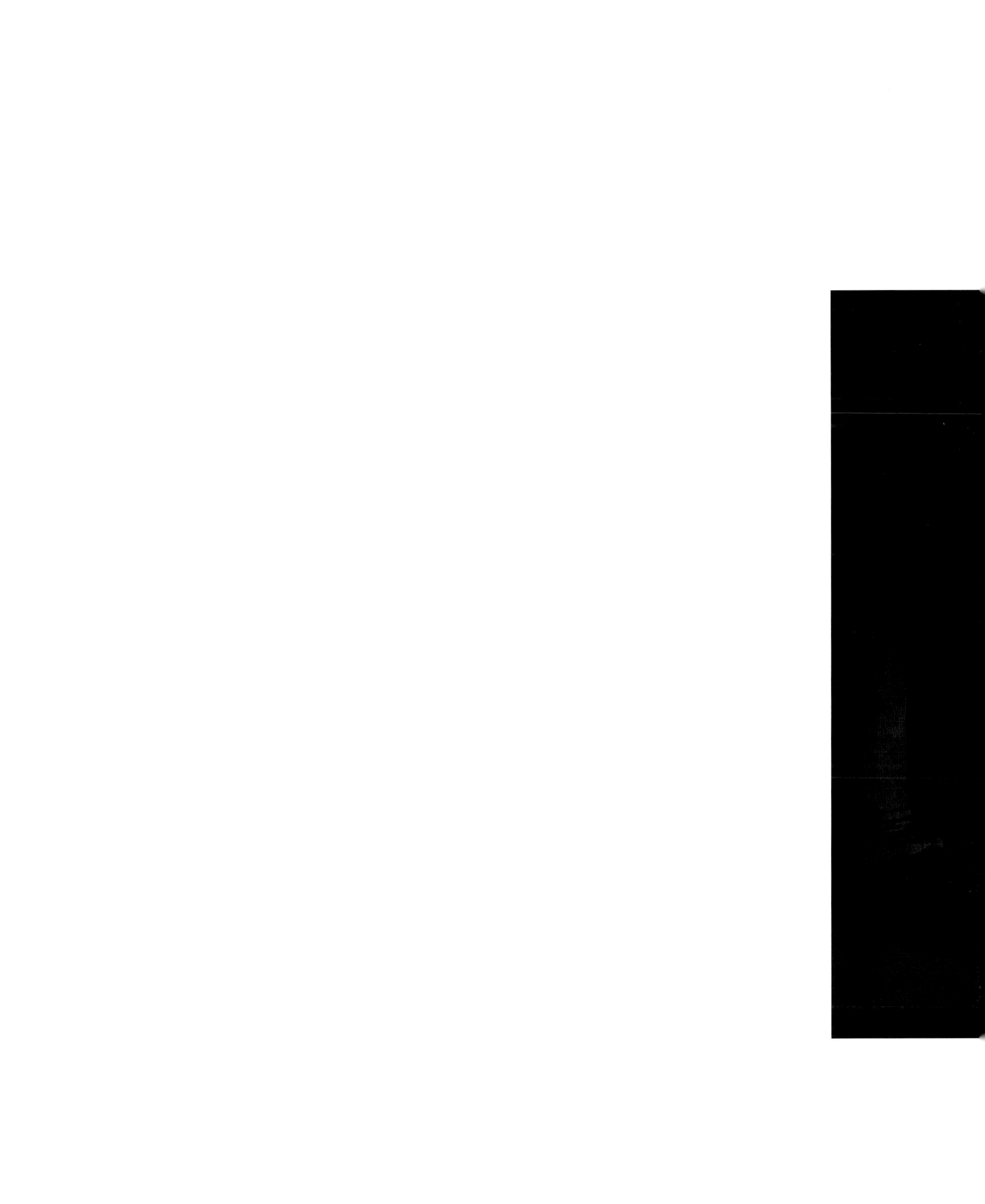

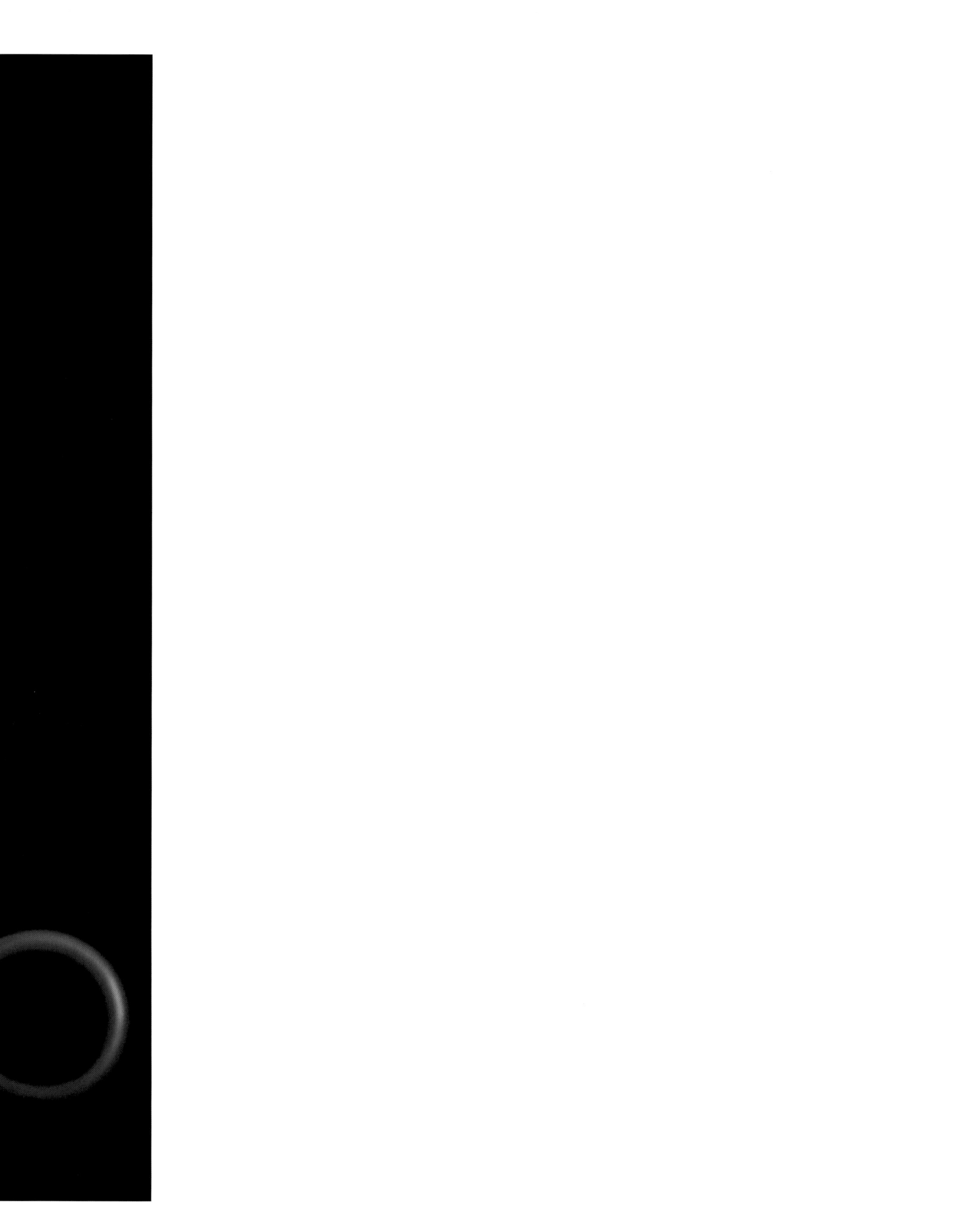

WORKS

PS1881
235 X 185 CM
EDITION 5 + 2 AP

LV1507
235 X 185 CM
EDITION 5 + 2 AP

MP1807
235 X 185 CM
EDITION 5 + 2 AP

HM1818
185 X 150 CM
EDITION 5 + 2 AP

EK1881
235 X 185 CM
EDITION 5 + 2 AP

MB1509
235 X 185 CM
EDITION 5 + 2 AP

SYLT DAY ONE
235 X 185 CM
EDITION 5 + 2 AP

RB1805
185 X 150 CM
EDITION 5 + 2 AP

MG1401
185 X 150 CM
EDITION 5 + 2 AP

MP1869
235 X 185 CM
EDITION 5 + 2 AP

AN1508
235 X 185 CM
EDITION 5 + 2 AP

DL1214
235 X 185 CM
EDITION 5 + 2 AP

AN1507
235 X 185 CM
EDITION 5 + 2 AP

MP1818
235 X 185 CM
EDITION 5 + 2 AP

PM1505
235 X 185 CM
EDITION 5 + 2 AP

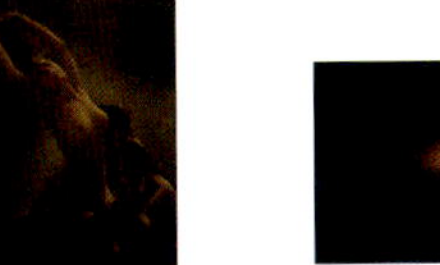
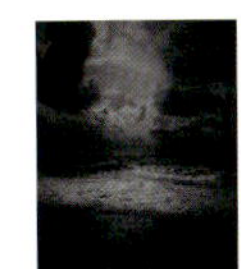

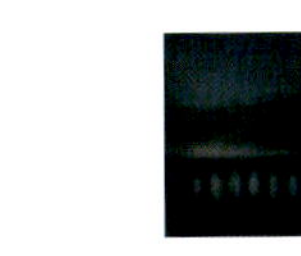
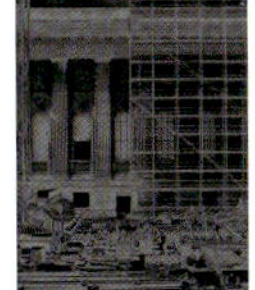

AK1507
235 X 185 CM
EDITION 5 + 2 AP

HM1881
235 X 185 CM
EDITION 5 + 2 AP

MP1809
235 X 185 CM
EDITION 5 + 2 AP

AN1509
235 X 185 CM
EDITION 5 + 2 AP

MM1709
235 X 185 CM
EDITION 5 + 2 AP

MP1817
235 X 185 CM
EDITION 5 + 2 AP

MP1881
235 X 185 CM
EDITION 5 + 2 AP

MB1507
185 X 150 CM
EDITION 5 + 2 AP

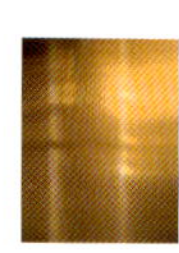
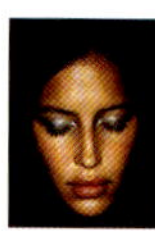

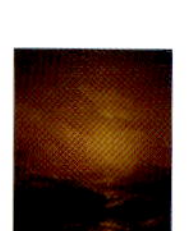
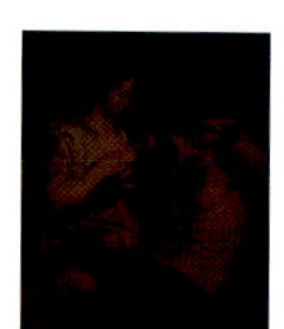

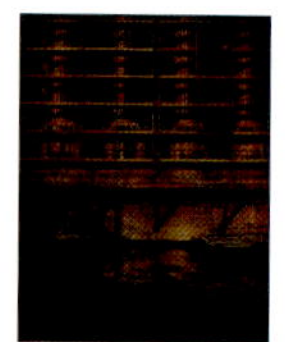

AK1505
235 X 185 CM
EDITION 5 + 2 AP

MG1507
185 X 150 CM
EDITION 5 + 2 AP

RM1507
235 X 185 CM
EDITION 5 + 2 AP

MP1819
235 X 185 CM
EDITION 5 + 2 AP

WP1818
185 X 150 CM
EDITION 5 + 2 AP

WH1505
185 X 150 CM
EDITION 5 + 2 AP

TV1609
185 X 150 CM
EDITION 5 + 2 AP

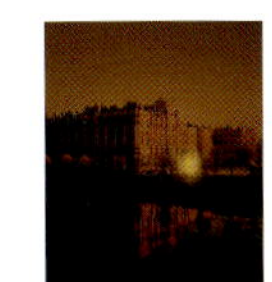

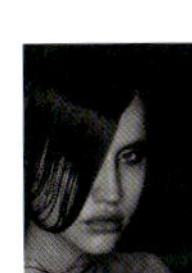
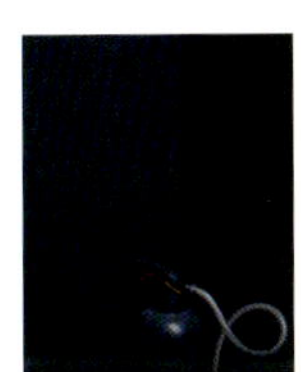

THANK YOU

FIRST, AND FOREMOST, TO MALIN AND PER BRILIOTH
AND VOSTOK NEW VENTURES, PATRONS OF THE ARTS,
FOR THEIR GENEROUS SUPPORT.

AND TO:
CHRISTIANE ARP
DR. HARALD BENNEFELD
DR. CATARINA BERGSTEN
CAMILLA AND MICAEL BILE
DR. OLLE BJÖRKSTRÖM
MONICA BOLLING
DR. ADELAIDA CARLSSON
EVA CYRKEL
DR. CARL EKLUND
JOSEPH FERREIRA
NICOLA AND JACK GUSTAFSSON
KRISTINA HENNIX
ANETTE AND MICHAEL HÄLL
EUGENIA VON HOHENSCHWANDEN-SCHONECK
BEN INGHAM
NICOLA KNELS
INGO NOLDEN
DR. HANS OLIVECRONA
ALFVA REUTERSWARD
SHIHPOO GUNTER REUTERSWARD
CLAUDIA SCHULTE-GALLASCH
CHRISTOPH SILLEM
JOHAN SMITH
FRANK TERHARDT
TAN VUONG
DR. PER WEDENDAL

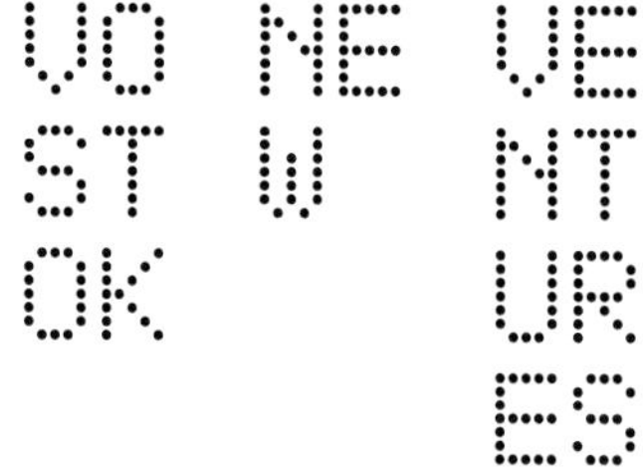

EDITOR
NADINE BARTH

BOOK CONCEPT
BLAISE REUTERSWARD

TEXT
NATALIA GOLDIN LUNDH

DESIGN
JULIA KNYPHAUSEN, JOHAN SVENSSON

COPYEDITING
RACHEL JULIA ENGLER (ENGLISH)
MARTIN STEINBRÜCK (GERMAN)
MARIA CHRISTIAN ZOPFF (RUSSIAN)

TRANSLATIONS
DR. BILLAUDELLE & PARTNER

PRODUCTION
ANJA HAERING, HATJE CANTZ

PROJECT MANAGEMENT
JULIANE EISELE, HATJE CANTZ

TYPEFACE
HELVETICA NEUE THIN

REPRODUCTIONS
REPROMAYER GMBH, REUTLINGEN

PRINTING
LONGO SPA, BOLZANO

BINDING
GRUPPO PADOVANA S.R.L.

PAPER
PROFI SILK 170 G/M²

FIRST PRINT RUN 2018: 3,800 COPIES
100 EDITION VOSTOK NEW VENTURES
500 SIGNED BY THE ARTIST

PUBLISHED BY
HATJE CANTZ VERLAG GMBH
MOMMSENSTRASSE 27
10629 BERLIN
TEL. +49 30 3464678-00
FAX +49 30 3464678-29
WWW.HATJECANTZ.DE
A GANSKE PUBLISHING GROUP COMPANY

HATJE CANTZ BOOKS ARE AVAILABLE INTERNATIONALLY AT SELECTED
BOOKSTORES. FOR MORE INFORMATION ABOUT OUR DISTRIBUTION PARTNERS,
PLEASE VISIT OUR WEBSITE AT WWW.HATJECANTZ.COM.

ISBN 978-3-7757-4456-0

PRINTED IN ITALY